PATENTES

Desvendando seus Mistérios

SONIA REGINA FEDERMAN

PATENTES

Desvendando seus Mistérios

QUALITYMARK

Copyright© 2006 by Sonia Regina Federman

Todos os direitos desta edição reservados à Qualitymark Editora Ltda.
É proibida a duplicação ou reprodução deste volume, ou parte do mesmo,
sob qualquer meio, sem autorização expressa da Editora.

Direção Editorial
SAIDUL RAHMAN MAHOMED
editor@qualitymark.com.br

Produção Editorial
EQUIPE QUALITYMARK

Capa
WILSON COTRIM

Editoração Eletrônica
UNIONTASK

CIP-Brasil. Catalogação-na-fonte
Sindicato Nacional dos Editores de Livros, RJ

F318p

    Federman, Sonia Regina

        Patentes : desvendando seus mistérios / Sonia Regina Federman. — Rio de Janeiro : Qualitymark, 2006.
        108p. :

    Anexos
    Inclui bibliografia
    ISBN 85-7303-607-9

        1. Patentes — Brasil. 2. Invenções — Brasil. 3. Propriedade industrial — Brasil.
I. Título.

05-3054

CDD 608.781
CDU 001.894 (81)

2006
IMPRESSO NO BRASIL

Qualitymark Editora Ltda.
Rua Teixeira Júnior, 441
São Cristóvão
20921-405 – Rio de Janeiro – RJ
Tel.: (0XX21) 3860-8422

Fax: (0XX21) 3860-8424
www.qualitymark.com.br
E-Mail: quality@qualitymark.com.br
QualityPhone: 0800-263311

A
Deus, sem o qual não teria chegado até aqui,
minha mãe, Maria do Carmo,
e meu irmão, Jacob.

Apresentação

Quem não ouviu falar alguma vez sobre patentes? E, mais recentemente, sobre a "quebra de patentes" por causa do coquetel antiaids que levou o Brasil à Organização Mundial do Comércio? Apesar de toda essa informação, a patente ainda continua desconhecida de uma grande parcela da sociedade.

O assunto "patente" nos remete a dois extremos: ou não se tem qualquer idéia a respeito do assunto, relacionando-o apenas ao conhecido Professor Pardal, que vive de suas invenções mirabolantes, ou a aspectos tão específicos e estratégicos para o desenvolvimento de um país que apenas uns poucos privilegiados entendem. Não existe um meio-termo quando o assunto é "patente".

A experiência como examinadora de patentes do Instituto Nacional de Propriedade Industrial – INPI – me mostra que o inventor nacional falha no momento de redigir seu pedido de patente por não definir de forma correta sua invenção. O inventor nacional, desde o mais simples até o cientista, teme revelar completamente sua invenção e ter sua "idéia" copiada. Agindo assim, muitas delas, algumas com grande valor tecnológico, são indeferidas justamente por não descrever corretamente a novidade, apenas a "idéia", o que não é privilegiável. O desconhecimento é tão profundo que chega a ponto de confundir patente com marcas, duas áreas da propriedade industrial completamente distintas.

A motivação para este livro decorreu, portanto, de uma necessidade de esclarecer as dúvidas relativas a este assunto em linguagem clara e acessível a todos aqueles que se interessam por ele. É claro que não se tem a pretensão de esgotar o tema, que é muito vasto, mas de dar as condições mínimas para que as pessoas possam buscar mais conhecimentos a respeito de patentes, partindo de uma base sólida e correta, isenta de pré-conceitos e idéias erradas. Ninguém pode ler um livro sem primeiro conhecer o alfabeto e saber juntar as letras.

Prefácio

É com enorme prazer que apresento este livro, *Patentes Desvendando seus Mistérios*, preparado pela competente técnica Sonia Regina Federman. O trabalho é fruto de muitos anos frente a frente com as dúvidas do usuário de pedidos de patente no INPI, aliada à sua vasta experiência como examinadora de patentes.

Fruto de sua enorme experiência junto aos usuários, Sonia colecionou dúvidas apresentadas por eles e suas respostas, preparando a estrutura do que deveria ser um manual para o usuário do INPI. Não tardou para que ficasse claro que possuía em suas mãos muito mais do que uma simples coleção de conselhos aos usuários, era uma obra de extrema utilidade para todo aquele que tem ou está preparando um pedido de patentes junto ao INPI.

Aqui, alinham-se as informações mais preciosas para guiar o usuário em todas as etapas deste processo, longo e hermético, normalmente somente acessível a poucos iniciados. A obra é de uma leveza ímpar para trabalhos desse tipo, nada parecida com os compêndios legais escritos por e para iniciados em legislação. Tal qual uma conversa ao vivo com a autora, trata-se de uma leitura agradável, em que importantes definições e procedimentos vão sendo acrescentados sem que se resulte em cansaço por parte do leitor. Cada parágrafo contém uma série de informações adicionais, apresentadas de uma forma interessante como poucos podem fazer.

A autora parece estar frente a frente com o usuário, reconhece as suas dúvidas, e as vai respondendo numa ordenação lógica e completa. Ao mesmo tempo, vai acrescentando valiosos conselhos para ajudar o usuário em sua tarefa, tais como os passos a serem seguidos.

É notável a atenção dispensada por esta obra para a utilização dos arquivos de patentes como fonte de informação tecnológica e para levantar o estado da técnica relacionado com o invento que se quer patentear. Claramente se vê a sua preocupação com o esforço e tempo despendido por pesquisadores em tecnologias que já estão desenvolvidas e podem ser consultadas nos arquivos de patentes. O uso correto da busca não só vai ajudar o inventor a preparar um pedido mais forte e menos sujeito a problemas durante o exame técnico efetuado pelo INPI, mas pode ser uma excelente ferramenta durante a própria etapa de pesquisa.

São muitas as regras para preparar um pedido, mas a autora conduz o leitor em meio aquele emaranhado de normas, tratados e leis, explicando sucintamente o que fazer em cada etapa e em cada quadrícula de formulário a ser preenchido. Especialmente aqui, se vê de onde veio esta obra, cada frase, cada dúvida, cada explicação, agora simples e direta, já foi testada com centenas e, talvez, milhares de usuários.

A preparação do pedido e de seu depósito é apenas a primeira etapa no processo de obtenção de uma patente, mas ali estão os fluxogramas ilustrando seus comentários e informações sobre quais os passos, prazos e normas a serem cumpridas.

Uma parte importante desta obra é a compilação de informações sobre a produção científica e a técnica no país, onde a autora deixa claro o descompasso entre os excelentes resultados apresentados por nossas instituições, quando se trata de produção científica, e, apesar dos avanços nos últimos anos, o fraco desempenho das mesmas quando o assunto é a geração de tecnologia. Detalhista, vai buscar nos mais preciosos relatórios e nos apresenta dados e tabelas que revelam onde é necessário atuar para melhorar o desempenho do país, sem se esquecer de discutir e elencar, metodicamente, diversos questionários para ajudar no processo de decisão sobre quais tecnologias podem ser protegidas, especialmente aquelas criadas pelos pesquisadores de universidades. Por meio de inúmeros exemplos, vemos o que pode acontecer quando estes, ávidos em publicar o resultado de suas pesquisas, podem estar prejudicando a obtenção de uma futura patente.

Como se não bastasse as preciosas informações contidas ao longo de sua obra, o leitor ainda ganha um bônus: uma lista de perguntas mais freqüentes, na qual mais dúvidas são esclarecidas com a mesma simplicidade e precisão.

Assim, esta é uma obra que não pode faltar na mesa de trabalho e na cabeceira de nenhum inventor, esteja ele trabalhando na sua cozinha ou no laboratório de um grande centro de pesquisas, nem nas gestoras destas atividades.

Sua leitura faria com que muitas de nossas criações não terminassem desprotegidas, e, portanto, sem condições de transformar-se em inovação, agregando valor aos nossos produtos.

Luiz Otávio Beaklini
Ex-presidente do INPI e ex-diretor de Patentes da mesma instituição.
Professor da Universidade Federal Fluminense, onde leciona a cadeira de Propriedade Industrial.

Sumário

Apresentação	VII
Prefácio	IX
Introdução	XVII
1 **Histórico**	1
2 **Definindo alguns termos**	5
3 **Por que depositar patentes?**	7
3.1 O inventor da patente e o proprietário	8
4 **Natureza da patente, validade e território**	11
4.1 Distinguindo a natureza da patente	12
5 **Como depositar um pedido de patente**	15
6 **Patente como fonte de informação**	17
6.1 Busca	19
6.1.1 Formas de busca	20
6.1.1.1 Busca individual	21
6.1.1.2 Busca isolada	21
6.1.1.3 Busca no site do INPI	22

6.1.1.4	Busca nos bancos de patentes de outros países	22
6.2	Características de uma patente	23
6.3	Entendendo cada uma dessas partes	24
7	**Condições de patenteamento**	**29**
7.1	Novidade	30
7.2	Atividade inventiva	31
7.3	Aplicação industrial	31
7.4	Suficiência descritiva	32
8	**Tramitação do pedido de patente**	**33**
9	**Obrigações do depositante**	**37**
9.1	Acompanhamento da tramitação do pedido na RPI	37
9.2	Anuidades	38
9.3	Solicitação de exame técnico	38
9.4	Exploração efetiva da patente	39
10	**Direitos do titular da patente**	**41**
10.1	Uma patente pode ser copiada?	42
11	**Salvaguardas de proteção**	**43**
11.1	Período de graça	44
11.2	Prioridade interna	45
12	**Patente nas universidades e centros de pesquisa**	**47**
12.1	Publicação de artigos em revistas especializadas	50
12.2	Patentes depositadas nos Estados Unidos	52
12.3	Depositar ou não a patente?	54
12.4	O que acontece quando a patente não é depositada?	56
12.5	O que acontece quando a patente é depositada?	57
13	**PCT**	**59**
13.1	Procedimentos para depósito no PCT	60
13.2	Taxas	60

Anexo I – Código para Identificação de Dados
  Bibliográficos (INID) 63

Anexo II – Desenho Industrial 65

Anexo III – Marca 67

Anexo IV – Pedidos de patente 71

Anexo V – Perguntas freqüentes 79

Bibliografia 85

Tabelas

Tabela 1 Atualização na informação patentária 17
Tabela 2 Palito de fósforo com duas cabeças 20
Tabela 3 Pedidos de patente da rota sol-gel depositados
  no Brasil no período 1986-2002 49
Tabela 4 Número de artigos publicados em periódicos
  internacionais 50
Tabela 5 Países com maior crescimento de artigos
  publicados 51
Tabela 6 Patentes solicitadas e concedidas ao Brasil e à
  Coréia do Sul, nos Estados Unidos, 1980-2000 53

Figura

Figura 1 Tramitação do pedido de patente 35

Introdução

Existem duas formas básicas de avaliar o desenvolvimento tecnológico de um país. A primeira, através do seu número de publicações científicas em periódicos científicos internacionais. Nesse aspecto, o Brasil encontra-se entre os vinte países que mais publicam artigos. De acordo com as informações do *Science Citation Index* (SCI) da base de dados do *Institut for Scientific Information* (ISI) divulgada pelo *National Science Indicators*, os cientistas brasileiros publicaram cerca de 10.550 artigos em 2001, correspondendo a 1,44% da produção de toda a publicação científica no mundo. Em 1999, nossa produção científica correspondia a 53,3 artigos por milhão de habitantes. A segunda maneira empregada para aferição do desenvolvimento tecnológico de um país é considerar o número de patentes depositadas nos Estados Unidos. Nesse item, infelizmente, o Brasil encontra-se em franca desvantagem em relação a esses mesmos vinte países. Segundo o relatório da ONU, o Brasil possui cerca de duas patentes por milhão de habitantes, enquanto que o Japão tem 994 patentes para cada milhão e os Estados Unidos, 289 patentes por milhão [1, 2, 3, 4, 5].

Muitos dizem que o fraco desempenho brasileiro no tocante às patentes depositadas nos Estados Unidos é devido à falta da cultura de proteção na área de patente, ou seja, em propriedade industrial. É verdade. Entretanto, essa falta de cultura é motivada em grande parte pelo desconhecimento do assunto, como, por exemplo, como redigir um pedido de patente, como depositá-lo, a extensão de sua proteção, etc., e não propriamente a importância dada à proteção[4, 5]. No ano de 2003, o Brasil confirmou seu fraco desempenho no setor de patentes. Com 221 patentes depositadas nos Estados Unidos, o país ficou atrás de Singapura, com 313 patentes, da África do Sul, com 376, da Índia, com 611, e da China, com 1.200 patentes depositadas[40].

Entre as principais características de uma Universidade, estão a geração de conhecimento e a liberdade de pesquisa. Para tanto, é imprescindível a publicação de artigos como forma de comprovar que esses objetivos foram plenamente alcançados. Conseqüentemente, uma das formas de avaliação do desempenho de um cientista é através de suas publicações. Quanto mais publicações, mais valorizado ele é[6]. Entretanto, os rumos do desenvolvimento tecnológico estão sendo reestruturados. Até então, não era cobrada da Universidade a proteção do conhecimento produzido, apenas a publicação dos trabalhos desenvolvidos, mesmo porque, desde a Idade Média, a pesquisa científica tem sido considerada como algo puro que não pode contaminar-se com o lucro, que é característico da atividade empresarial[5, 7]. A filosofia adotada para uma Universidade que apenas se preocupa em publicar artigos está pouco a pouco sendo acrescida de um outro ponto bastante importante, ou seja, a necessidade de proteger o conhecimento produzido através do depósito de patentes.

Portanto, neste livro procura-se, simplesmente, abrir a porta deste assunto tão polêmico. Como dito antes, ensinar o alfabeto e juntar as letras para permitir a leitura desta obra ao leigo, porém interessado, na área de patentes. Da forma mais simples possível, vamos começar contando do surgimento do atual sistema de patentes desde seus primórdios, sua importância, seguir pelo caminho das definições e partes componentes da patente, seu depósito, sua tramitação, sua concessão e, conseqüentemente, abrindo caminho para uma discussão mais madura a respeito de patentes, a força motriz para o desenvolvimento tecnológico de um país.

1

Histórico

Desde a Idade Antiga, os governos sentiram a necessidade de limitar seus territórios, garantindo suas subsistências, como também atrair para seus territórios o que lhes faltava. Dessa forma, os primeiros privilégios surgiram simplesmente da vontade desses governantes que, indiscriminadamente, concediam, a quem lhes interessasse, monopólios temporários para a fabricação ou mesmo a exploração e comercialização de algum produto. Assim, conta a História que, por volta de 1236, foi concedido em Bordeaux, França, um privilégio exclusivo para a tecelagem e tingimento de tecidos de lã, pelo prazo de quinze anos. Quase um século mais tarde, em 1330, concedeu-se, ainda na França, um privilégio para a instalação de uma fábrica de vidros a Philippe de Cavquere. Entretanto, o primeiro privilégio que conjugava ao mesmo tempo os elementos representativos do que hoje conhecemos como sistema de patente, quais sejam, concessão exclusiva por tempo e local predeterminados, expressa proibição de cópia ou imitação, foi outorgado no ano de 1416, em Veneza, a Francesco Petri [8].

Como dispositivo legal, entretanto, a primeira lei de patentes surgiu em 19 de março de 1474, na cidade de Veneza, e ficou conhecida como Lei Veneziana. Essa lei já estipulava os princípios básicos como: novidade, aplicação prática, necessidade de registro, exclusividade por tempo determinado, salvaguarda dos interesses do Estado, a licença para sua exploração, bem como sanção por infração da patente[8, 9, 10].

Quase duzentos anos mais tarde, em 1623, foi instituído na Inglaterra, que saía da rebelião burguesa, o Estatuto dos Monopólios, iniciando assim o que é conhecido hoje como moderno sistema de patentes. Esse estatuto reconheceu, pela primeira vez, o princípio de o primeiro e o verdadeiro inventor ter o direito ao depósito da patente[8, 10].

Em 10 de abril de 1770, o Congresso Americano aprovou sua primeira lei relativa a privilégios, conhecida como Patent Act. Esse ato objetivava regulamentar as diretrizes para a concessão de privilégios, sem, entretanto, condicioná-los a um exame prévio.

Em 7 de janeiro de 1791, a França sancionou uma lei concedendo ao autor de uma nova invenção ou descoberta de todos os gêneros de indústria o justo reconhecimento, garantindo seu direito de exclusividade, por um período predeterminado[9].

Depois da Inglaterra, Estados Unidos e França, o Brasil foi o quarto país a criar sua lei de patentes. O primeiro passo para a proteção do inventor brasileiro foi amparado pelo alvará assinado pelo Príncipe Regente, D. João VI, em 28 de janeiro de 1809. Esse diploma já condicionava a concessão do privilégio de invenção à novidade e sua utilização industrial, bem como o prazo de validade da patente. O parágrafo VI desse alvará é taxativo[8, 9, 11]:

"Sendo muito conveniente que os inventores e introdutores de alguma nova máquina e invenção nas artes gozem do privilégio exclusivo, além do direito que possam ter ao favor pecuniário, que sou servido estabelecer em benefício da indústria e das artes, ordeno que todas as pessoas que estiverem neste caso apresentem o plano de seu novo invento à Real Junta do Comércio; e que esta, reconhecendo-lhe a verdade e fundamento dele, lhes conceda o privilégio exclusivo por quatorze anos, ficando obrigada a fabricá-lo depois, para que, no fim desse prazo, toda a Nação goze do fruto dessa invenção. Ordeno, outrossim, que se faça uma exata revisão dos que se acham atualmente concedidos, fazendo-se público na forma acima determi-

nada e revogando-se todas as que por falsa alegação ou sem bem fundadas razões obtiveram semelhantes concessões".[8, 11, 12].

No entanto, ficou a cargo de D. Pedro II, em 14 de outubro de 1882, regulamentar a concessão de patentes no Brasil através da Lei 3.129, que entre outros itens já estipulava a cobrança pela patente, até aquela data, concedida gratuitamente. É interessante observar que essa lei editada por D. Pedro II já apresentava alguns artigos que até hoje estão em uso. Um deles já previa o prazo de expiração da patente principal e de seu aperfeiçoamento, a possibilidade de desapropriação da patente pelo Estado em caso de necessidade pública, bem como admitia, em solo brasileiro, patentes concedidas fora dos limites do Império, sendo suficiente que o inventor estrangeiro cumprisse algumas formalidades legais[11, 13].

Até o ano de 1880, outros países criaram suas leis de patente, como a Holanda (1809), a Áustria (1810), a Rússia (1812), a Suécia (1819), a Espanha (1869), e finalmente a Alemanha (1877)[8].

A revolução industrial por que passava o mundo foi confirmando a importância do sistema de patentes. Entretanto, considerando que cada país era, e continua sendo, soberano para regular em seu território suas leis nacionais no tocante à concessão dos privilégios, tornou-se imprescindível a formulação de regras mínimas a serem praticadas pelos diversos países. Por isso, em 20 de março de 1883, na cidade de Paris, França, quatorze países, entre eles o Brasil, assinaram o primeiro acordo internacional sobre patentes, conhecido como Convenção da União de Paris (CUP), que passou a vigorar no ano seguinte[8, 11].

Para que um pedido de patente fosse concedido aos países contratantes da CUP, era imprescindível que o depositante fosse a cada um dos países depositá-lo. De modo a facilitar esse depósito múltiplo, foi assinado, em 1970, um tratado de cooperação internacional na área de patentes, conhecido como Tratado de Cooperação em Matéria de Patentes (PCT – *Patent Cooperation Treaty*). Devido ao PCT, foi possível que o depósito efetuado em um único país (receptor), em um único idioma, tivesse seu efeito estendido para cada um dos países pretendidos, bastando tão-somente que estes fossem designados pelo depositante. Em 3 de janeiro de 2005, faziam parte do PCT 125 Estados [14].

A OMPI – Organização Mundial da Propriedade Intelectual (ou WIPO – *World Intellectual Property Organization*) – uma das dezesseis agências da ONU para administrar a propriedade intelectual – foi criada em 14 de junho de 1967, em Estocolmo. Atualmente, 179 países fazem parte da OMPI[8, 15].

2

Definindo Alguns Termos

Para começar, vamos definir alguns termos na área de patentes que serão a base para o entendimento do assunto a ser discutido.

Empregam-se geralmente os termos Propriedade Intelectual e Propriedade Industrial sem que se faça a adequada distinção entre eles. *Propriedade Intelectual* é o ramo do direto que se refere à criação que abrange toda a área do conhecimento humano, incluindo o direito autoral [que trata das obras literárias, musicais, estéticas bi e tridimensionais (desenhos, pinturas, gravuras, esculturas e arquitetura)], patentes, símbolos, nomes, imagens e desenhos. Dentro da Propriedade Intelectual encontra-se a Propriedade Industrial, que visa exclusivamente à proteção na área de patentes, desenhos industriais, marcas, repressão a falsas indicações geográficas e repressão à concorrência desleal. A matéria referente à propriedade industrial é regulada pela Lei 9.279, de 14 de maio de 1996 – LPI –, usualmente conhecida como Lei de Patentes.

É também bastante comum as pessoas confundirem marcas e patentes. É normal dizer que querem registrar sua patente quando, na verdade, estão se referindo à marca do seu produto ou do seu comércio, ou vice-versa, querem registrar sua marca e se referem à patente.

Então, o que é uma *patente*? Em temos bem simples, uma patente se refere a qualquer invenção ou aperfeiçoamento que tenha uma utilização industrial. Por exemplo: um processo de obtenção de um novo material empregado na área aeroespacial, uma nova vacina gênica eficaz contra o câncer, um novo circuito eletrônico utilizado em um alarme, e tantos outros. Não se enquadram como patente, portanto, um método para agilizar uma fila no banco, a forma de vender um tipo de produto, um novo sistema de ensinar um idioma, etc. Esses métodos não são industriais, quer dizer, não são feitos ou utilizados na indústria. São simplesmente métodos comerciais, um novo serviço que estará sendo oferecido à sociedade.

E uma *marca*? A marca é qualquer sinal visualmente perceptível, usado para distinguir entre os produtos e serviços oferecidos por uma empresa e aqueles oferecidos por outra empresa. Dito melhor, é um sinal que individualiza os produtos ou serviços de uma empresa e os distingue dos produtos de sua concorrente (veja Anexo III).

3

Por que Depositar Patentes?

No aspecto mais amplo, a patente deve ser depositada para proteger o parque nacional, garantindo divisas para o país. Dito de outra forma, para garantir os direitos de proprietário. Todos conhecem a frase "só é dono quem protege". Qualquer pessoa que adquire um imóvel vai imediatamente a um cartório garantir seu direito sobre aquele bem. O mesmo se dá quando alguém compra um carro e imediatamente vai ao órgão competente de registro. Uma vez consumado esse direito, ele pode vender, alugar, doar, tomar qualquer decisão a respeito daquele bem. A mesma linha de pensamento se aplica à área de patente. A patente concedida é um bem, uma propriedade de seu depositante e, portanto, deve ser registrada no órgão competente, no caso, o Instituto Nacional de Propriedade Industrial (INPI). É importante lembrar que o inventor não é obrigado a depositar seu pedido de patente. Ele tem o direito de depositar ou não. Entretanto, se optar por não depositar, corre o risco de outra pessoa fazê-lo em seu lugar e, até, impedi-lo de comercializar sua própria criação. Assim, se o inventor considera que sua criação apresenta um grande valor mercadológico ou mesmo científico, ele deve considerar o depósito da patente para se resguardar.

Em 2003, foram depositadas 113 mil patentes no mundo. Desse total, 41 mil (36%) possuem a titularidade americana, 16.700

(15%), a japonesa, e 13.900 (12%), a titularidade alemã. Um outro fator que salienta a importância de depositar patentes é que empresas lideradas pela Phillips, Siemens, Matsushita, Bosh e Sony lideram o ranking internacional de depósitos de patente[40]. Em 2004, a IBM requereu nos Estados Unidos 3.248 patentes, mantendo o primeiro lugar por doze anos na lista das empresas que mais depositam patentes nos Estados Unidos. Logo após, seguem a Canon, com 1.805 patentes, e a Hewlett-Pack, com 1.775. Esses dados comprovam a importância que tem a patente tanto para as empresas detentoras quanto para o desenvolvimento do país[41].

3.1 O inventor da patente e o proprietário

No Brasil, qualquer pessoa com nacionalidade brasileira ou aqui domiciliada, sendo pessoa física ou jurídica, tem o direito de depositar patentes.

A preocupação em proteger uma invenção ainda não é muito compreendida. É comum o inventor, funcionário de uma empresa, depositar a patente em seu próprio nome, uma vez que geralmente o empregador não se interessa pela proteção, também por total desconhecimento. Todavia muitos empregados, temerosos de algum questionamento posterior por parte do empregador, ficam em dúvida se podem ou não depositar patentes em seus próprios nomes ou se devem fazê-lo em nome da empresa.

A LPI[18] em vigor esclarece as três situações que podem ocorrer: a primeira, quando a invenção pertence exclusivamente ao empregador (art. 88); a segunda, quando pertence tanto à empresa quanto ao empregado (art. 91); e, finalmente, quando é exclusivamente do funcionário (art. 90). De forma bem simples, vamos explicar cada uma das situações.

A invenção pertence exclusivamente ao empregador. O artigo 88 da LPI esclarece que a invenção pertence exclusivamente ao empregador *"quando decorrer de contrato de trabalho cuja execução ocorra no Brasil e que tenha por objeto a pesquisa ou a atividade inventiva, ou resulte da natureza dos serviços para os quais foi o empregado* *contratado*". Exemplificando: um pesquisador de uma universidade ou centro de pesquisa, que é pago para pesquisar, por exemplo, na área um novo material empregado como isolamento acústico. Qualquer invenção que ele faça nessa área é de propriedade de quem o contratou. Ele está usando o tempo, instalações, informações que pertencem a seu empregador, está sendo pago para pesquisar novos materiais e, portanto, todo produto do seu trabalho é de propriedade da empresa. No caso de um engenheiro que trabalha em uma usina siderúrgica, por exemplo, qualquer aperfeiçoamento que ele introduzir no processo ou equipamento com os quais trabalha, devido à sua função, pertencerá exclusivamente à empresa que lhe paga o salário. Entretanto, seu direito de autor estará resguardado, já que seu nome constará como o do inventor.

A invenção pertence tanto ao empregador quanto ao empregado. Nesse caso, a invenção pertencerá aos dois (empregador e empregado), em partes iguais, "*quando resultar da contribuição pessoal do empregado e de recursos, dados, meios, materiais, instalações ou equipamento do empregador, ressalvada expressa disposição contratual em contrário*", conforme o artigo 91 da LPI. Exemplificando: um funcionário trabalha na área de vendas, mas nota que seus colegas do setor do controle de qualidade utilizam um equipamento para o corte da matéria-prima bastante complexo, provocando inúmeros acidentes. Sem querer, ele percebe como resolver esse problema de forma bastante simples e rápida. Percebendo que a solução é viável, seu empregador permite que ele tenha acesso a todas as informações e dados técnicos necessários para colocar sua idéia em prática. Assim, como ele espontaneamente abriu mão de parte do seu tempo e a empresa liberou informações que não eram da área de vendas, a invenção pertence em partes iguais ao empregador e ao empregado. Dito de outra forma, não era função do vendedor solucionar um problema técnico assim, mas como voluntariamente ele ajudou dispondo de seu tempo particular (para o qual não era pago) e a empresa contribuiu com a liberação de informações, dados, equipamentos, a titularidade da patente será tanto de um quanto de outro.

É importante ressaltar, entretanto, que, nessas duas situações comentadas anteriormente, o inventor será sempre a pessoa física, nunca a pessoa jurídica.

A invenção pertence exclusivamente ao empregado quando *"desenvolvido por ele, desde que desvinculado de contrato de trabalho e não decorrente da utilização de recursos, meios, materiais, instalações ou equipamentos do empregador"*, conforme determina o artigo 90 da LPI. Exemplificando: um funcionário cuja função em uma fábrica de tecidos é receber a matéria-prima, desenvolve um sistema para lavar arroz. Ou seja, ele desenvolveu um equipamento que não tem nenhuma relação com sua função enquanto funcionário da fábrica de tecidos, nem se utilizou de qualquer recurso do empregador. Logo, a titularidade da patente pertencerá somente ao funcionário.

4

Natureza da Patente, Validade e Território

O sistema de patentes brasileiro concede a proteção no campo industrial da seguinte forma:

a) como Patente: a invenção propriamente dita, o certificado de adição de invenção e o modelo de utilidade, e

b) como Registro: o desenho industrial.

Entende-se como *privilégio de invenção* (PI) uma concepção que resulta do exercício da capacidade de criação humana que signifique solução para um problema técnico dentro de um determinado campo tecnológico. Sua validade se estende a 20 anos a partir do seu depósito.

Como *certificado de adição de invenção* (CA) admite-se como sendo a proteção de um aperfeiçoamento ou desenvolvimento introduzido em uma invenção, mesmo que destituído de atividade inventiva, e desde que a matéria se inclua no mesmo conceito inventivo. Considerando que o certificado de adição é um acessório da patente original, tem o mesmo prazo de vigência e acompanha a patente para todos os efeitos legais.

O *modelo de utilidade* (MU), por sua vez, se refere a uma disposição de um objeto de uso prático ou parte dele, que atinja uma melhoria funcional no seu uso ou fabricação. Sua validade é de quinze anos, também a contar do seu depósito. É importante frisar que, após o prazo de validade de uma patente (PI ou MU), seu conteúdo cai imediatamente em domínio público, não podendo ter seu prazo prorrogado ou estendido [8, 18].

O registro de *desenho industrial*, por seu turno, se refere a qualquer forma plástica ornamental de um objeto ou o conjunto ornamental de linhas e cores que possa ser aplicado a um produto, proporcionando visual novo e original na sua configuração externa e que possa servir de tipo de fabricação [18]. A validade do desenho industrial se estende a dez anos, podendo ser renovada por três períodos sucessivos de cinco anos cada um, quer dizer, no máximo, o desenho industrial é válido por vinte e cinco anos, passando depois a fazer parte do domínio público (ver Anexo II).

É bastante comum o usuário pensar que, uma vez depositando um pedido de patente no Brasil, por exemplo, ele é válido para todos os demais países, a chamada patente "internacional". Esse tipo de proteção não é possível. A Convenção da União de Paris (CUP) deixa bem claro que a proteção conferida pelo Estado tem validade apenas dentro dos limites territoriais do país que a concede. A mesma CUP reconhece a independência dos países para conceder ou não a patente em seu território. *"As patentes requeridas nos diferentes países da União por nacionais de países da União serão independentes das patentes obtidas para a mesma invenção nos outros países membros ou não da União."* Considera-se União o conjunto de todos os Estados contratantes da CUP[8, 19].

4.1 Distinguindo a natureza da patente

Reconhece-se que, para o usuário não habituado a essa terminologia de patente (PI, CA, MU) e registro de desenho industrial (DI), muitas vezes fica difícil decidir em qual categoria se enquadra a matéria que está querendo proteger. De forma a ilustrar as diversas formas de proteção, vamos analisar os seguintes exemplos:

Imaginemos o telefone fixo. Ao mesmo tempo que ele apresenta vantagens, possui também algumas desvantagens, entre elas, a necessidade de fios e ligações elétricas e a dificuldade para ser transportado para locais de difícil acesso, como praia, campo, etc. Foi desenvolvido, então, o telefone celular, considerado um grande avanço tecnológico, pois através das modificações técnicas nele introduzidas resolveu todos os problemas do telefone fixo; quer dizer, o telefone celular apresenta um tamanho reduzido, pode ser carregado no bolso, pode ser utilizado na praia e no campo, apresenta ainda funções de agenda, máquina de calcular, e outras mais. Neste caso, o primeiro celular a ser criado foi enquadrado na natureza de Privilégio de Invenção (PI).

Se considerarmos a parte externa, ou seja, a parte "bonita", a aparência do telefone celular, o pedido se enquadra como registro de Desenho Industrial (DI).

Vamos considerar, agora, que nesse aparelho celular tenha sido colocada uma alça na parte superior próximo à antena, para auxiliar seu transporte. Neste caso, por ser um simples detalhe destituído de atividade inventiva, pode se enquadrar como Certificado de Adição (CA), em relação à invenção depositada inicialmente.

Lembremos, agora, da geladeira de uma única porta. Ela apresentava a desvantagem da necessidade de se ter que abri-la toda para simplesmente apanhar água gelada. Foi desenvolvida uma outra, com duas portas, separando o freezer do restante do refrigerador. Um outro exemplo é a geladeira que apresenta um compartimento externo na porta, permitindo tirar água gelada sem a necessidade de abrir o móvel. As modificações introduzidas nessas geladeiras apenas acrescentaram melhorias funcionais, considerando o caso de a pessoa não precisar abri-las para retirar apenas gelo ou beber água gelada. Nesses casos, os tipos de geladeira comentados enquadram-se na natureza de Modelo de Utilidade.

5

Como Depositar um Pedido de Patente

Diariamente, essa pergunta é respondida pelos servidores do Instituto Nacional da Propriedade Industrial – INPI. A princípio, parece uma tarefa difícil, complicada, burocrática e enfadonha, pois existe uma série de normas que devem ser seguidas. Algumas pessoas, à vista dos procedimentos adotados no Brasil (que também são adotados na grande maioria dos países desenvolvidos), desistem de efetuar o depósito do pedido de patente e, assim, acabam desprezando uma oportunidade de obter a titularidade de uma patente que vai solucionar algum problema tecnológico até então insolúvel, recebendo, em contrapartida, os *royalties* correspondentes.

O primeiro passo para o depósito de um pedido de patente é a realização de uma busca de anterioridade. Muito embora não seja obrigatório para o depositante do pedido, o INPI sugere que se faça uma busca em todo o estado da técnica (*tudo o que foi tornado acessível ao público antes da data de depósito, por descrição escrita ou oral, por uso ou qualquer outro meio, no Brasil ou no exterior*) para que sejam verificadas a novidade, a atividade inventiva e sua utilização industrial. Quando o depositante decide não efetuar essa busca antes do depósito, arrisca-se a ter sua patente negada pela existência de uma anterioridade que poderia ter sido encontrada se tivesse sido realizada a busca prévia e perder todas as taxas pagas durante a tramitação do pedido de patente. O resultado é a frustração de um sonho desfeito. Infelizmente, essa situação tem ocorrido com bastante regularidade.

O passo seguinte para o depósito da patente é a confecção do pedido propriamente dito. Para tanto, é necessário que sejam obedecidas as normas adotadas pelo INPI e recomendadas pelos diversos acordos internacionais assinados pelo Brasil na área de patente. Em seguida, deve-se preencher o formulário específico, pagar a taxa de depósito e comparecer ao INPI para efetuar o depósito do pedido de patente, através de um protocolo. É bom lembrar que esse é o início de um processo que vai levar alguns anos, até a concessão da patente. Infelizmente, muitas pessoas pensam que o simples depósito já lhes garante a patente. Não é verdade. Para que uma patente seja concedida, é preciso que seja realizado um exame técnico para a verificação da novidade, atividade inventiva e aplicação industrial. Esses pré-requisitos não são verificados no ato do depósito pelo servidor do INPI encarregado do protocolo, mas apenas pelo examinador de patentes, específico daquela área tecnológica.

6

Patente como Fonte de Informação

Não existe fonte de informação mais atual e completa que aquela descrita em um documento de patente. Isso porque a patente deve apresentar uma descrição do estado da técnica até a data do depósito, bem como a descrição detalhada da melhor forma de reproduzir a matéria que está sendo reivindicada.

Uma ilustração que mostra a atualidade da informação na área de patente é ilustrada na Tabela 1:

Tabela 1
Atualização na informação patentária

Inventor (invenção)	Patente Ano de Publicação	Ano de outras Publicações
Hollerith (cartão perfurado)	1889	1914
Baird (televisão)	1923	1928
Whittle (turborreator)	1936	1946
Morrogh (ferro fundido dúctil)	1939	1947
Ziegler, N. (catalisador de polimerização)	1953	1960

Fonte: Macedo, 2000, p. 58[20]

De acordo com a tabela acima, está clara a importância da atualização do documento de patente. Por exemplo, a patente da televisão foi publicada em 1923 e a outra publicação, fora do círculo de patente, só surgiu em 1928, ou seja, as pessoas não habituadas com a documentação patentária ficaram sabendo da existência da televisão com um atraso de cinco anos. A pessoa, o pesquisador, que tem o hábito de consultar patentes está muitos anos na frente de quem não tem esse hábito. Se a atualização da patente no início do século passado já era de grande valia, pode-se imaginar sua importância hoje, quando estamos vivendo a própria era da informação.

De acordo com a OMPI – Organização Mundial da Propriedade Intelectual –, agência da ONU na área de propriedade intelectual, cerca de 70% do que existe no banco de patente no mundo não será publicado de outra forma que não seja através da patente. Exemplificando para o caso brasileiro: o banco de patentes do INPI possui cerca de 25 milhões de documentos; assim, aproximadamente 17,5 milhões desses documentos (entre nacionais e estrangeiros das maiores potências mundiais) não serão conhecidos por quem não tem o hábito de consultar patentes.

Devido a inúmeros acordos internacionais, gerenciados pela OMPI, a patente é um documento que segue um padrão internacional. O pedido de patente depositado em qualquer um dos 125 países membros do PCT obrigatoriamente deve apresentar uma folha de rosto com os dados bibliográficos do pedido de patente, um relatório descritivo, reivindicações, desenhos (se for o caso) e um resumo e, sempre, nessa ordem, o que facilita a localização do documento, sua leitura e compreensão, não importando o idioma em que esteja escrita.

Além de ser um documento completo e atual, a patente apresenta muitas outras vantagens. Entre elas, podemos citar:

a) Identificação do estado da técnica, evitando-se a mera repetição de esforços e pesquisas realizadas anteriormente e, muitas vezes, já pertencentes ao domínio público.

b) Identificação de tendências tecnológicas, novos desenvolvimentos e a possível identificação de atividades industriais futuras antes que seus efeitos venham a se refletir no mercado em relação a determinada tecnologia.

c) Identificação de empresas atuantes em determinado setor tecnológico, que poderão se constituir em futuros parceiros, licenciadores, consultores, concorrentes, etc.

d) Monitoramento de atividades de empresas concorrentes.

e) Resolução de problemas técnicos, e muitas outras.

6.1 Busca

No meio acadêmico (universidades e centros de pesquisa), é bastante comum a expressão "estado da arte". Estado da arte significa toda a literatura a respeito de um assunto, ou seja, o conjunto de artigos técnicos e livros envolvendo um determinado assunto. Assim, quando um cientista tem algum projeto de pesquisa, seu primeiro passo é fazer uma revisão bibliográfica no estado da arte, para saber o que já é conhecido, se aquele projeto está sendo estudado, quais as etapas já conhecidas. Nenhuma pesquisa é iniciada do ponto zero.

Na área de propriedade industrial, é empregado o termo "estado da técnica". Esse termo é mais amplo do que o estado da arte do meio acadêmico. Estado da técnica envolve, além dos artigos, publicações e livros toda a área de patentes.

Muito embora o depositante de um pedido de patente não seja obrigado a efetuar uma busca de anterioridades relativa ao seu pedido antes do depósito, é imprescindível que essa busca seja feita. Por quê? Como foi dito antes, muitas vezes o depositante efetua o depósito de um pedido de patente cuja matéria já se encontra protegida por outro pedido depositado antes.

Vamos imaginar, por exemplo, um técnico na área de solda na cidade de Lavras, em Minas Gerais. Será que nessa cidade existe apenas esse técnico desempenhando essa atividade? É claro que não. Será que entre todos os técnicos de solda da cidade só esse enfrentou esse determinado problema? Será que mais ninguém na cidade tentou solucionar da mesma forma esse problema? E se ampliarmos para o Estado de Minas Gerais? Brasil?

Mundo? Por isso, é importante a humildade, também para o depósito do pedido de patente, realizando uma busca prévia antes desse procedimento.

O ser humano tem o hábito de "olhar para o próprio umbigo". Muitas vezes, por falta de uma busca, deposita-se uma matéria que já foi protegida antes, mas que não surgiu no mercado por falta de oportunidade ou mesmo valor econômico. É o caso do palito de fósforo, que possui nos dois extremos o material inflamável, ilustrado na Tabela 2.

Tabela 2
Palito de fósforo com duas cabeças

Nº do Pedido	Depósito	Título
MI 4801004-9*	11/08/1988	Palito de fósforo de duas cabeças
MU 7000066-2	16/01/1990	Palito de fósforo de duas cabeças
MU 7000802-7	07/05/1990	Palito de fósforo com duas cabeças
PI 9204174-4	21/10/1992	Palito de fósforo contendo duas cabeças
MU 7301398-6	28/06/1993	Palito de fósforo com dupla ação
MU 7801969-9	27/07/1998	Palito de fósforo duas cabeças

Fonte: www.inpi.gov.br
*No antigo Código de Propriedade Industrial, Lei 5.792, o MI (modelo industrial) era considerado uma patente. Na nova Lei nº 9.279, de 14/05/96, passou a ser considerado registro de Desenho Industrial.

Se, por exemplo, o depositante do pedido de patente MU 7801969-9 tivesse realizado a busca de anterioridade antes do seu depósito, ele teria sido notificado da existência dos vários pedidos anteriores ao seu depósito, evitando a despesa efetuada com o depósito e a frustração com a negativa de sua patente, por falta de novidade.

6.1.1 Formas de busca

Existem várias formas de busca que o depositante pode escolher, de acordo com seus objetivos, condições financeiras e disponibilidades.

6.1.1.1 Busca individual

É aquela em que o interessado comparece ao Banco de Patentes* e o técnico, especializado na área de busca, irá classificar o assunto a ser buscado. Essa classificação está baseada na Classificação Internacional de Patentes. Após a classificação do assunto, o próprio interessado está em condições de, ele mesmo, realizar a busca na área de seu interesse. Ele terá acesso à documentação nos idiomas português, inglês, francês, alemão, italiano, japonês. No caso deste último, são disponibilizados os resumos em inglês.

Essa busca precisa ser realizada com muita atenção. Normalmente, o inventor comparece ao Banco de Patentes do INPI para efetuar a busca mas, lendo os documentos que estão à sua frente, considera que todos descrevem matéria diferente da sua. De acordo com seu entendimento, nenhum apresenta etapas próximas ou similares ao seu. Com essa atitude, ele pode estar desprezando um documento importante que, futuramente, poderá ser citado pelo examinador de patente, durante o exame técnico a ser realizado para a concessão da sua patente. Esse documento negligenciado pode ser a causa do indeferimento do seu pedido de patente.

6.1.1.2 Busca isolada

É a busca em que o interessado solicita que o próprio técnico do INPI realize a busca em seu lugar. Esse técnico analisa os documentos encontrados com uma visão diferente do interessado. Ele verifica as semelhanças entre os vários pedidos de patente encontrados em relação à matéria definida pelo interessado, principalmente aqueles que poderão impedir a concessão da patente futuramente. Esses documentos relevantes são encaminhados ao solicitante da busca, que decide se deve ou não prosseguir com o depósito do pedido de patente.

---

* O Banco de Patentes do INPI está localizado em sua sede, no Rio de Janeiro.

6.1.1.3 Busca no site do INPI

O INPI disponibiliza o site www.inpi.gov.br para a realização de uma busca virtual. Esse endereço eletrônico, entretanto, disponibiliza apenas os dados bibliográficos (depositantes, inventores, data do depósito, título e a situação do pedido) e os resumos dos documentos nacionais depositados a partir de 1992. Para essa modalidade de busca, o interessado deve utilizar palavras-chave, nome de depositantes e/ou inventores, título do pedido de patente, número do pedido depositado.

No caso de encontrar algum documento de interesse, o depositante deve solicitar ao INPI sua cópia. Essa busca virtual apresenta o inconveniente de não disponibilizar os documentos estrangeiros e os depositados no Brasil antes de 1992, levando a um resultado de busca não confiável.

6.1.1.4 Busca nos bancos de patentes de outros países

Atualmente, todos os países industrializados disponibilizam seus bancos de patente via internet, permitindo acesso gratuito a qualquer interessado. Entretanto, existem dois bancos de patentes mais consultados: o americano e o europeu.

a) **Banco de patentes americano.** É mais conhecido pela sigla USPTO (*United States Patent and Trademark Office*) e pode ser acessado pelo endereço eletrônico www.uspto.gov. O banco disponibiliza apenas as patentes depositadas e concedidas em solo americano. Dada a posição de destaque do desenvolvimento tecnológico americano, é perfeitamente compreensível que qualquer produto que almeje alcançar o mercado internacional vá proteger sua invenção nos Estados Unidos, razão pela qual esse Banco de Patentes é mundialmente consultado. A busca no USPTO é realizada através de palavras-chave encontradas, por exemplo, no título, no corpo do pedido, no resumo, nas reivindicações. Pode ser realizada empregando o nome de inventores e/ou depositantes, número de patentes americanas, etc.

b) **Banco de patentes europeu.** É mais conhecido pela sigla EPO (*European Patent Office*) e pode ser acessado pelo endereço eletrônico http://ep.espacenet.com. Da mesma forma que o americano, o banco europeu permite a realização da busca através de palavras-chave, nome de depositantes e/ou inventores e número de patentes depositadas em vários países. O site europeu apresenta a vantagem de listar todas as patentes depositadas no país de origem, bem como suas diversas patentes correspondentes depositadas em outros países (família de patentes, ver os pedidos de patente francês, inglês e alemão no Anexo IV). No caso de uma pessoa desejar depositar sua patente em outros países, esse site é de grande valia, pois mostra os diversos países procurados por uma determinada tecnologia.

6.2 Características de uma patente

Um documento de patente, seja qual for sua origem, apresenta uma característica comum, quer dizer, uma relativa facilidade de leitura e compreensão do seu conteúdo. Tendo em vista a existência de leis nacionais e recomendações da OMPI, a patente apresenta uma estrutura básica uniforme em qualquer dos países signatários desses acordos internacionais.

Para um pedido de patente depositado no Brasil, sendo de depositante nacional ou estrangeiro, o documento de patente apresenta as seguintes características[8, 18, 21]:

- **Folha de rosto** – é o local onde se encontram todas as informações bibliográficas a respeito da matéria que está sendo solicitada, de seu depositante ou inventor, tais como nome, data de depósito, país de origem, classificação internacional e um breve resumo da matéria solicitada como pedido de patente.

* **Relatório descritivo** – é o local onde estarão descritos o estado da técnica e seus problemas que motivaram o esforço inventivo. Além disso, apresenta a descrição detalhada da matéria pleiteada e da sua melhor forma de realização.

* **Reivindicações** – é o local onde os direitos do inventor/depositante estarão plenamente definidos e delimitados. Em uma demanda judicial, é a parte que vai delimitar e garantir seus direitos.

* **Desenhos** – conforme o caso, podem ser apresentados desenhos ou fluxograma do processo pleiteado, do equipamento, de algum detalhamento do dispositivo utilizado, etc.

* **Resumo** – é uma descrição sucinta da matéria que permite visualização rápida do problema apresentado no estado da técnica e a solução proposta.

6.3 Entendendo cada uma dessas partes

Algumas pessoas quando estão redigindo um pedido de patente estranham quando é dito que precisam descrever o mesmo assunto de quatro formas diferentes, ou seja, no relatório descritivo, nas reivindicações, nos desenhos (se tiver) e no resumo. Perguntam: "Tenho que repetir tudo o que já escrevi antes?" É verdade, o objeto do pedido de patente precisa ser escrito nas quatro formas estipuladas. A diferença é que em cada uma delas será dado um enfoque diferente. De forma meramente explicativa, quando se redige o relatório descritivo, deve-se imaginar que se está escrevendo um livro. Todos os fatos e detalhes devem ser mencionados. No quadro reivindicatório, o que foi dito na forma de um livro deve ser redigido como se fosse um telegrama, quer dizer, deve-se definir a matéria de forma bastante sucinta, porém com todos os detalhes técnicos que definem e delimitam os direitos do inventor. Na parte dos desenhos, praticamente se diz a mesma coisa, todavia sob a forma gráfica. Finalmente, na parte do resumo, a matéria pretendida deve ser resumida enfatizando o problema técnico e a solução oferecida.

Cada uma das partes constituintes de um pedido de patente será comentada a seguir:

a) **Folha de rosto**. Esse é o local onde são encontradas as primeiras informações bibliográficas a respeito do pedido de patente. No caso de pedidos nacionais, podem-se verificar, por exemplo: o nome do inventor, do depositante, a data do depósito do pedido de patente e a data da concessão da patente, se já tiver, a classificação internacional e um breve resumo. Quando se trata de pedidos que foram depositados originariamente em outros países, e foi solicitada uma patente correspondente no Brasil, além do que foi dito anteriormente, podemos verificar o país de origem, a data e o local do seu depósito, os demais países em que foram solicitadas patentes correspondentes à matéria que está sendo pleiteada no Brasil. Essas informações são facilmente localizadas devido à utilização dos Códigos para Identificação de Dados Bibliográficos (INID – *International Number of Data Identification*) internacionalmente adotados e que estão apresentados no Anexo I. O Anexo IV, por sua vez, mostra diversas folhas de rosto oriundas de vários países.

b) **Relatório descritivo**. O relatório descritivo é o local onde a matéria requerida é detalhadamente descrita de modo a permitir a um técnico no assunto sua reprodução. Didaticamente, ele é composto de várias partes, comentadas a seguir:

  ♦ *Campo de aplicação* – é o local onde se define o que se pretende, qual o objetivo do pedido de patente, em que setor(es) técnico(s) sua invenção poderá ser aplicada.

- *Estado da técnica* – nesse ponto, o inventor deve descrever de forma bastante clara o estado da técnica de seu conhecimento, definindo os problemas existentes que motivaram seu esforço inventivo. Sempre que possível, devem ser mencionados documentos de patente anteriores ao pedido (encontrados na busca ou de conhecimento do inventor).

- *Solução* – depois dos problemas claramente apontados, chegou a vez de descrever a solução apresentada, suas vantagens em relação ao estado da técnica e os objetivos da matéria que está sendo solicitada.

- *Listar as figuras apresentadas* – muitas vezes, para facilitar o entendimento, é necessária a apresentação de figuras, tais como fluxogramas do processo de fabricação, detalhes técnicos de parte do equipamento, gráficos etc. De forma geral, todas essas figuras devem ser listadas juntamente com seus significados. Por exemplo: Figura 1 – refere-se ao fluxograma geral do processo de obtenção do catalisador; Figura 2 – mostra o equipamento empregado no processo que está sendo pleiteado; Figura 3 – deixa claro o detalhe da abertura do forno, e assim sucessivamente. Não existe um limite para a quantidade de figuras. Serão tantas quantas o depositante julgar necessário para a compreensão do assunto.

- *Descrição detalhada da invenção* – nesse ponto, o inventor deve descrever detalhadamente sua invenção de modo a permitir sua reprodução por um especialista no assunto. Deve ser feita uma comparação entre o que está sendo pleiteado e o que já faz parte do estado da técnica, enfatizando sempre a novidade introduzida. É determinado, nesse ponto, que seja descrita a melhor forma de reprodução do objeto do pedido de patente. É interessante também, como forma de comprovar a atividade inventiva, apresentar exemplos de realização do objeto pleiteado, bem como exemplos comparativos que enfatizam sua superioridade em relação ao estado da técnica. Devem ser descritas, também, as variações que se encontram dentro do escopo inventivo, segundo o depositante.

c) **Quadro reivindicatório.** O artigo 25 da LPI determina que "as reivindicações devem ser fundamentadas no relatório descritivo, caracterizando as particularidades do pedido e definindo, de modo claro e preciso, a matéria objeto da proteção". Existem dois tipos de reivindicações: a principal e a dependente. Admite-se como *reivindicação principal* aquela que define a invenção em seu conceito integral. Como *reivindicação dependente*, admite-se aquela que define algum detalhamento estabelecido antes, de forma geral, na reivindicação principal. Por exemplo: na reivindicação principal está sendo definido um processo de obtenção de um produto químico que deve ser realizado, de uma forma geral, na faixa de 150°C a 700°C. Na reivindicação dependente é pleiteada a faixa de 300°C a 550°C, ou seja, uma faixa de temperatura que foi definida de forma ampla na reivindicação principal. No caso de privilégio de invenção, não existe limite para a quantidade de reivindicações apresentadas. Em contrapartida, no caso específico de Modelo de Utilidade, deve ser apresentada apenas uma reivindicação.

d) **Desenhos.** Os desenhos apresentados devem estar isentos de textos. É importante ressaltar que, no caso exclusivo de Modelo de Utilidade, é imprescindível a apresentação de desenho(s), uma vez que será analisado seu aspecto funcional.

e) **Resumo.** A finalidade principal do resumo é auxiliar o examinador de patentes (ou qualquer usuário que faça uma busca em patentes) no entendimento geral da matéria que está sendo analisada. Inicialmente, o examinador de patentes lê o resumo para formar uma idéia geral do pedido de patente e, então, passa à leitura do documento integral para que possa efetuar a análise do pedido de patente.

7

Condições de Patenteamento

O artigo 8º da LPI determina que *"é patenteável a invenção que atenda aos requisitos de novidade, atividade inventiva e aplicação industrial"*. No que diz respeito ao modelo de utilidade, o artigo 9º da mesma lei determina que *"é patenteável como modelo de utilidade o objeto de uso prático, ou parte deste, suscetível de aplicação industrial, que apresente nova forma ou disposição, envolvendo ato inventivo, que resulte em melhoria funcional no seu uso ou em sua fabricação"*. Assim, para que esses pré-requisitos sejam verificados, é imprescindível a realização de uma busca de anterioridade em todo o estado da técnica, conforme mencionado anteriormente.

Muito embora não esteja definido no artigo 8º da LPI, é perfeitamente compreensível que, para que um pedido de patente tenha condições de ser analisado pelo examinador de patentes do INPI, ele precise ter suficiência descritiva, conforme define o artigo 24 quando afirma que *"o relatório deverá descrever clara e suficientemente o objeto, de modo a possibilitar sua realização por um técnico no assunto e indicar, quando for o caso, a melhor forma de execução"*. Normalmente, por ingenuidade, o inventor nacional teme descrever clara e suficientemente o objeto do seu pedido de patente, correndo o risco de descrever apenas a "idéia". A conseqüência desse ato é a falta de suficiência descritiva, a conseqüente impossibilidade de sua reprodução por um técnico no assunto e, finalmente, o indeferimento do pedido de patente.

7.1 Novidade

É bastante conhecida a criatividade do brasileiro. Ele dá sempre um jeitinho de resolver qualquer problema e, muitas vezes, até acerta. Para que seja conferida a novidade de um pedido de patente, o órgão oficial brasileiro para a concessão de patentes, o INPI, é obrigado, por lei, a realizar essa busca de anterioridade em todo o estado da técnica.

O que é "estado da técnica"? O artigo 11 parágrafo 1º da LPI define como sendo *"constituído por tudo aquilo tornado acessível ao público antes da data do depósito do pedido de patente, por descrição escrita ou oral, por uso ou qualquer outro meio, no Brasil ou no exterior"*. Assim, se durante a busca em um pedido de patente for encontrado um documento francês (ou inglês, alemão, etc.) que já descreva aquela matéria pretendida, o pedido nacional não será concedido aqui no Brasil.

Muitas vezes, o indivíduo viaja ao exterior e toma conhecimento de algum dispositivo que ainda não viu no Brasil e decide depositar o pedido de patente aqui. Como cidadão brasileiro ou residente no país, ele tem o direito de depositar o pedido de patente no órgão competente para isso. O problema é que não terá sua patente concedida no Brasil, uma vez que, durante a busca realizada pelo examinador de patentes, será encontrado o documento estrangeiro que primeiramente define aquele objeto depositado aqui no país, confirmando a falta de novidade do pedido nacional, levando ao seu indeferimento. É importante ressaltar, todavia, que, mesmo que não exista uma patente depositada ou concedida no Brasil (ou fora dele), aquele dispositivo já existe e já foi exposto ao público antes do depósito no país. Portanto, é suficiente para impedir a concessão de patente igual no Brasil.

7.2 Atividade inventiva

A patente é dotada de atividade inventiva sempre que, para um técnico no assunto, não decorra de maneira evidente ou óbvia do estado da técnica. Exemplificando: se colocarmos meio quilo de sal em uma jarra com um litro de água, teremos uma água salgada. Se nessa mesma jarra colocarmos 50 gramas de sal, é óbvio que a água ficará menos salgada. Logo, não existe, em relação ao estado da técnica, nenhuma atividade inventiva em adicionarmos 50 gramas de sal em um litro de água. Entretanto, se colocando essa pequena quantidade de sal o sabor final da água for "doce", aí então teríamos atividade inventiva, uma vez que, utilizando procedimentos conhecidos, foi obtido um resultado diferente e inesperado.

7.3 Aplicação industrial

Para que uma patente seja concedida, é imprescindível que ela possa ser utilizada ou produzida por qualquer tipo de indústria. Assim, um produto artesanal não apresenta aplicação industrial.

Da mesma forma, qualquer teoria científica, método matemático, princípios ou métodos comerciais, financeiros, educativo, publicitário, obras artísticas, regras de jogo, para citar apenas essas, não apresentam aplicação industrial. O artigo 10 da LPI define o que não é considerado patente:

Art. 10. Não se considera invenção nem modelo de utilidade:

I – descobertas, teorias científicas e métodos matemáticos;

II – concepções puramente abstratas;

III – esquemas, planos, princípios ou métodos comerciais, contábeis, financeiros, educativos, publicitários, de sorteio e de fiscalização;

IV – as obras literárias, arquitetônicas, artísticas e científicas ou qualquer criação estética;

V – *programas de computador em si;*

VI – *apresentação de informações;*

VII – *regras de jogo;*

VIII – *técnicas e métodos operatórios ou cirúrgicos, bem como métodos terapêuticos ou de diagnóstico, para aplicação no corpo humano ou animal; e*

IX – *o todo ou parte de seres vivos naturais e materiais biológicos encontrados na natureza, ou ainda que dela isolados, inclusive o genoma ou germoplasma de qualquer ser vivo natural e os processos biológicos naturais.*

7.4 Suficiência descritiva

A lei de propriedade industrial dos países industrializados, principalmente daqueles que fazem parte do PCT (*Treaty Patent Cooperation*), determina os pré-requisitos básicos para a concessão da patente como sendo novidade, atividade inventiva e aplicação industrial, conforme comentado anteriormente. A lei brasileira, entretanto, definiu, em seu artigo 24, a necessidade da suficiência descritiva quando afirmou que "*o relatório descritivo deverá descrever clara e suficientemente o objeto, de modo a possibilitar sua realização por técnico no assunto e indicar, quando for o caso, a melhor forma de execução*".

Para que sejam avaliadas as condições de patenteabilidade de um pedido de patente, durante o exame técnico, é imprescindível que ele esteja descrito de forma clara e suficiente, para que tanto o examinador de patentes quanto a sociedade possam compreender e avaliar a extensão dos direitos daquela patente.

8

Tramitação do Pedido de Patente

Nada se consegue da noite para o dia, pois todas as coisas necessitam de um tempo natural para que possam ser completadas, e etapas devem ser cumpridas para que se atinja o ponto máximo. Para a noite chegar, é preciso que as horas passem, passando pelo dia. Uma planta nasce, cresce e morre. O mesmo ocorre com um pedido de patente. É necessário que etapas sejam cumpridas para que a patente seja concedida. Dessa forma, além dos aspectos técnicos comentados anteriormente, existem etapas processuais que devem ser atendidas.

As várias etapas da tramitação do pedido de patente até sua concessão são mostradas na Figura 1 e comentadas a seguir.

Antes do depósito do pedido de patente, será realizado um exame formal prévio para a conferência da documentação apresentada, da formatação exigida para o relatório descritivo, reivindicações, desenho e resumo, além da taxa de depósito. Após esse exame formal, se todos os itens forem atendidos, o INPI protocolará o pedido de patente e concederá o número oficial do pedido de patente que o acompanhará desde o depósito até a patente concedida em vigor.

De acordo com o disposto na LPI em voga, imediatamente após o depósito do pedido de patente no Instituto Nacional da Propriedade Industrial, segue-se um período de sigilo de 18 meses, após o qual o objeto é tornado público com a publicação do pedido no órgão oficial, a Revista de Propriedade Industrial – RPI. Esse período de sigilo, entretanto, pode ser antecipado pelo próprio depositante, através de uma solicitação de publicação antecipada. Observa-se que esse é um direito que deve ser exercido com sabedoria, sob pena de tornar pública uma tecnologia ainda sob sigilo e ainda passível de gerar novos aperfeiçoamentos sem o conhecimento dos concorrentes. Essa publicação antecipada, ao contrário do que pensa a maioria das pessoas, não agiliza a tramitação do pedido.

Esse período de sigilo não é simplesmente um tempo em que o pedido depositado fica "dormindo". Ele permite que o depositante aperfeiçoe certos detalhes que poderão gerar novas patentes, fechando assim o círculo inventivo antes que a sociedade tome conhecimento do objeto da patente e também possa aperfeiçoá-lo. Além disso, o depositante pode aproveitar o benefício concedido pelo Tratado de Cooperação em Matéria de Patente (PCT) aos países signatários, de depositar seus pedidos de patente em qualquer um dos Estados contratantes no período de um ano, a contar do depósito mais antigo.

Publicado o pedido de patente na RPI, e até o final do exame técnico, a sociedade pode manifestar-se a respeito da matéria reivindicada, através da apresentação de qualquer documentação e informações que possam subsidiar o exame técnico.

Para que o pedido de patente seja transformado em patente, a LPI determina que seja feito um exame técnico no qual será verificado se o objeto requerido apresenta as condições de novidade, atividade inventiva e aplicação industrial. Essa solicitação de exame técnico deve ser efetuada dentro do prazo de 36 meses, a partir do depósito, pelo próprio depositante ou qualquer outro interessado. Durante esse exame será feita uma busca em todo o estado da técnica, em níveis nacional e internacional, ou seja, em tudo aquilo tornado acessível ao público antes da data de depósito do pedido de patente, por descrição escrita ou oral, por uso ou qualquer outro meio, no Brasil ou no exterior.

TRAMITAÇÃO DO PEDIDO DE PATENTE

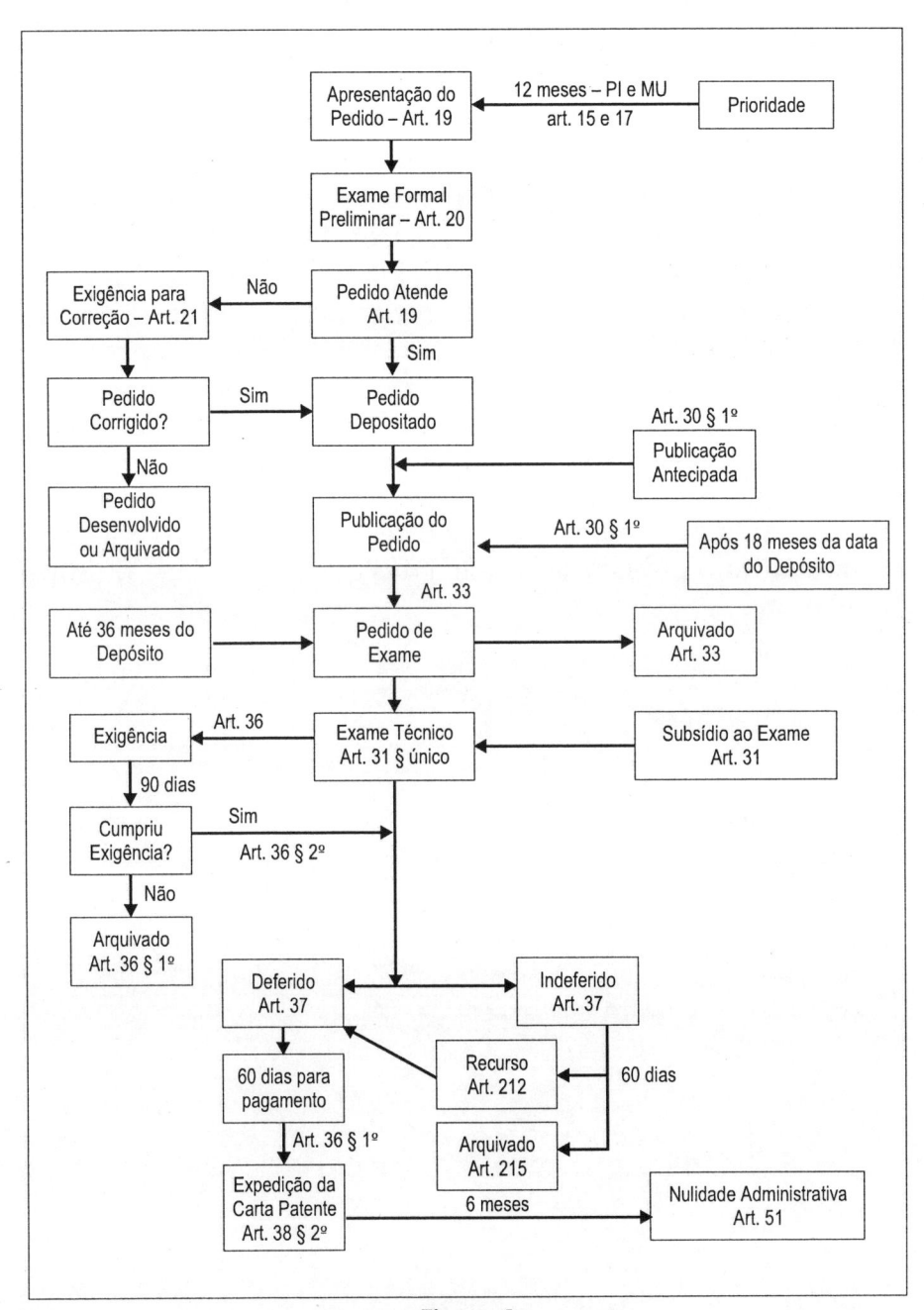

Figura 1
Tramitação do pedido de patente.

Concluído esse exame técnico, o INPI emitirá um relatório de busca e um parecer relativo a: patenteabilidade do pedido (deferindo ou indeferindo) ou, se for encontrada alguma incorreção, será formulada uma exigência técnica ou até um parecer de ciência ao interessado. A decisão expressa nesse parecer técnico (deferimento, indeferimento ou exigência/ciência) será publicada na Revista de Propriedade Industrial.

Após a publicação do deferimento do pedido de patente e respectivo pagamento da taxa de sua expedição, será concedida a Carta Patente, que permite ao inventor/autor, ou pessoas cujos direitos derivem do mesmo, excluir terceiros, sem sua prévia autorização, de fabricar, comercializar, importar, usar, vender etc., durante seu prazo de validade. Com o término dessa validade, o conteúdo da patente passa a fazer parte do que é conhecido como domínio público, possibilitando que a sociedade o utilize livremente.

9

Obrigações do Depositante

Em primeiro lugar, a patente é um direito concedido pelo governo ao detentor de alguma criação ou aperfeiçoamento de que, durante um certo período, apenas ele (ou alguém por ele autorizado) poderá se utilizar de sua invenção. A todo o direito, todavia, se contrapõe uma obrigação ao depositante de: descrever sua invenção na forma mais clara possível de modo que a sociedade, após o prazo de vigência da patente, possa se utilizar dela livremente.

9.1 Acompanhamento da tramitação do pedido na RPI

Fazendo uma correlação com a Justiça: qualquer processo judicial é publicado no Diário Oficial da União. Assim, da mesma forma, o INPI também possui uma revista em que publica as decisões a respeito dos processos analisados, conhecida como RPI. Portanto, uma outra obrigação do depositante é acompanhar a tramitação do seu pedido de patente (e depois, da patente) através da Revista de Propriedade Industrial, uma publicação semanal na qual o INPI comunica à sociedade suas decisões a respeito dos pedidos de patente decididos naquele período.

Infelizmente, muitas patentes deixam de ser concedidas simplesmente porque o depositante não acompanha as publicações referentes ao seu pedido na RPI, deixando de atender às exigências formuladas pelo INPI no prazo estipulado em lei. A única forma de comunicação do INPI com o usuário de patente (marca, desenho industrial, averbação de contratos de transferência de tecnologia) é através da RPI*.

9.2 Anuidades

Uma outra obrigação do depositante é pagar as anuidades do seu pedido de patente (e depois, da patente) a partir do início do terceiro ano, ou seja, a partir do vigésimo segundo aniversário após o depósito do pedido. Essa anuidade deverá ser paga dentro dos primeiros três meses de cada período anual, podendo ainda ser feito, dentro dos seis meses subseqüentes, mediante pagamento de retribuição adicional.

Exemplificando: um pedido de patente foi depositado em 29/04/2004. Assim, sua terceira anuidade (começa por ela) deverá ser paga entre 29/04/06 a 29/07/06 (prazo ordinário), ou até 29/01/2007 (prazo extraordinário). Anualmente, enquanto seu pedido de patente estiver em vigor, o depositante deverá comprovar o pagamento das anuidades nesses períodos, sob pena de arquivamento do seu pedido ou extinção da patente.

9.3 Solicitação de exame técnico

Para que um pedido de patente se transforme em uma patente, como vimos, não basta simplesmente seu depósito. O INPI é obrigado, por lei, a fazer o exame técnico para comprovar a novidade, atividade inventiva e a aplicação industrial.

---

* A RPI publica também as decisões na área de marcas, programa de computador e averbação de contratos de transferência de tecnologia.

Muitas vezes, o depositante corre para depositar um pedido de patente que naquele momento é muito importante para ele. Entretanto, com o passar do tempo, o próprio depositante verifica que aquela matéria não tem o mínimo valor industrial e espontaneamente abandona o pedido. Nesse caso, se o próprio interessado não se importa mais com aquela matéria, por que o INPI vai efetuar o exame daquele pedido?

Assim, é imprescindível que o depositante, no período de três anos, a contar da data do depósito do seu pedido de patente, requeira do INPI o exame técnico do seu pedido. Exemplificando: um pedido de patente foi depositado em 03/03/2000. Portanto, o depositante tem até 03/03/2003 para efetuar o pedido de exame técnico. Caso não o faça nesse período, seu pedido de patente será arquivado. Depois de publicado esse arquivamento, o depositante ainda tem um prazo extra de três meses para reativar seu processo.

9.4 Exploração efetiva da patente

A patente tem sua importância no sentido econômico, jurídico, técnico e social. Econômico, quando o objeto tem uma efetiva importância comercial, que vai gerar ganhos financeiros. Jurídico, quando se considera que a patente é uma propriedade e, como tal, é amparada pela lei. Técnico, quando se ressalta a tecnologia envolvida para atingir aquele produto final. Finalmente, o aspecto social é de relevante importância. Considerando que a patente é um monopólio concedido pelo Estado ao detentor de uma invenção, a sociedade tem o direito de beneficiar-se do produto daquela patente. Por exemplo, um material com características técnicas inovadoras para ser utilizado para a substituição de tecido em queimados. Não é admissível que uma patente desse nível fique guardada sem ser colocada à disposição da sociedade.

Para garantir que produtos com características inovadoras e importantes para a saúde e desenvolvimento do país cheguem ao mercado, caso o depositante não tenha condições técnicas ou mesmo financeiras para tal empreendimento, ele tem o direito de conceder uma licença para que outra empresa ou pessoa comercialize o objeto de sua patente.

Essa licença pode ser voluntária ou compulsória.

Ela é voluntária, como a própria palavra define, quando voluntariamente o detentor da patente oferece sua patente a terceiros com o objetivo de licenciá-la. Compulsória, quando o titular da patente exerce os direitos da patente concedida, de forma abusiva, ou por meio dela pratica abuso de poder econômico. Um exemplo típico desse tipo de licença foi o que ocorreu no Brasil no caso dos remédios da Aids alguns anos atrás. O Brasil não "quebrou" nenhuma patente, mas nossa lei (como a de vários outros países, entre eles, os Estados Unidos) permite, por exemplo, em caso de emergência nacional declarada em ato do Poder Executivo Federal, que seja concedida uma licença compulsória que, entretanto, terá sua remuneração garantida, conforme o artigo 72 parágrafo 4º da LPI.

10

Direitos do Titular da Patente

O titular de uma patente não tem apenas deveres e obrigações, mas também direitos. O artigo 42 da LPI determina que a *"patente confere ao seu titular o direito de impedir terceiros, sem seu consentimento, de produzir, usar, colocar à venda, vender ou importar com estes propósitos:*

I – produto ou objeto de patente;

II – processo ou produto obtido diretamente por processo patenteado.

§ 1º – Ao titular da patente é assegurado ainda o direito de impedir terceiros que contribuam para que outros pratiquem atos referidos neste artigo;

§ 2º – Ocorrerá violação de direito de patente de processo, a que se refere o inciso II, quando o possuidor ou proprietário não comprovar, mediante determinação judicial específica, que o seu produto foi obtido por processo de fabricação diverso daquele protegido pela patente.

É importante ressaltar, entretanto, que o direito é conferido ao detentor da patente e não ao depositante de um pedido de patente. Enquanto o pedido de patente não é decidido (concedida a patente após o exame técnico), o depositante tem apenas uma expectativa de um direito, ou seja, apenas uma "esperança" de que seu pedido de patente pode se transformar, futuramente, em uma patente (direito concedido).

10.1 Uma patente pode ser copiada?

Essa é a preocupação primordial de todo inventor. Por causa do temor de ter sua patente copiada é que muito depositante reluta em descrever detalhadamente sua invenção (ou modelo de utilidade).

Vamos imaginar o caso da compra de um imóvel. Quando é feito o registro no órgão competente, o imóvel é perfeitamente caracterizado através do endereço completo (rua, número, bairro, cidade, estado, país), tamanho do terreno (forma: quadrada, retangular etc.) e vizinhos em seu perímetro. Se um desses pontos for esquecido, pode ser motivo de brigas e disputas entre os vizinhos mais próximos. O mesmo se dá com a patente. Se ela não for detalhadamente descrita, como poderá ser feita a distinção entre ela e outra semelhante? Os direitos do depositante não estarão devidamente delimitados e protegidos. Uma patente, assim, poderá ser facilmente contestada por qualquer técnico no assunto e, até mesmo, pelo concorrente do depositante.

Considerando que a patente foi corretamente descrita de modo que os direitos do depositante estejam perfeitamente definidos e delimitados (no quadro reivindicatório), uma patente pode ser copiada, apenas nos casos abaixo, conforme define o artigo 43 da LPI (foram considerados apenas esses incisos, de forma ilustrativa):

I – quando em caráter privado e sem finalidade comercial, desde que não acarrete prejuízo ao interesse econômico do titular da patente;

II – com finalidade experimental, relacionada a estudos e pesquisas científicas ou tecnológicas;

III – no caso de patentes relacionadas com matéria viva, pode ser copiado, sem finalidade econômica, o produto patenteado como fonte inicial de variação ou propagação para obter outros produtos.

11

Salvaguardas de Proteção

Um dos pré-requisitos para a concessão de uma patente é a sua novidade. Nesse ponto, vem o dilema para o depositante, sobretudo para o pesquisador de universidades e centros de pesquisa nacional: publicar para ganhar as vantagens na carreira acadêmica (quanto mais publicações, mais valorizado é o pesquisador), ou depositar uma patente, atitude ainda incomum e "burocrática", devido à falta de informação de uma grande parcela dos pesquisadores nacionais, na área de propriedade industrial.

Ainda focalizando o pesquisador nacional, a cultura de publicação de artigos não deve ser de forma alguma esquecida, mas apenas colocada em prática de outra maneira. Em vez de publicar e não depositar a patente, deve-se primeiro depositar a patente e, só então, publicar todos os artigos necessários, com tranqüilidade. Convém ressaltar, entretanto, que, quando se fala em artigos, indiretamente está incluído também qualquer tipo de publicação, como dissertações e teses[7, 20, 22, 23, 24].

Nem tudo, entretanto, está perdido para o depositante nacional, muitas vezes, no caso do pesquisador, levado a publicar artigos ou mostrar sua invenção em seminários, congressos, feiras, sem a devida proteção. A LPI em vigor reserva algumas salvaguardas neste caso, conforme comentadas a seguir[22, 25].

11.1 Período de graça

A primeira dessas salvaguardas é conhecida por *Período de Graça* e é amparada pelo artigo 12 item I da LPI, que determina: *"Não será considerada como estado da técnica a divulgação de invenção ou modelo de utilidade, quando ocorrida durante os 12 (doze) meses que precederem a data de depósito ou a prioridade mais antiga do pedido de patente, se promovida pelo inventor"*. Ou seja, no caso da publicação de um artigo ou demonstração de um dispositivo em uma feira ou similar, antes do depósito da patente, o depositante e/ou inventor deve lembrar que ele tem um prazo de um ano, a contar da publicação do artigo ou exposição do objeto, para proteger sua invenção, sob pena de colocar à disposição, gratuitamente, informações ansiosamente esperadas pelas empresas e/ou concorrentes.

Ressalta-se que este procedimento deve ser seguido apenas em caso extremo, uma vez que, mesmo que o artigo publicado não sirva como anterioridade ao seu próprio pedido de patente, se outra pessoa depositar o pedido antes do próprio inventor, ele deverá provar que o primeiro que depositou teve conhecimento da invenção através do *seu* artigo publicado ou objeto exposto, o que é bastante complicado. Cabe lembrar que, na confecção desses artigos a publicar, o cientista deve se resguardar de descrever a pesquisa e seus resultados de forma que possam ser reproduzidas[6, 18, 25].

Um outro fato importante a considerar quanto a essa salvaguarda é que essa publicação ou exposição efetuada antes do depósito brasileiro, contudo, pode inviabilizar o depósito da patente em outros países, como no caso dos Estados Unidos, por exemplo, que não consideram essa salvaguarda brasileira. Observa-se que esse tipo de salvaguarda só é aceito para o depósito no país de origem.

Apenas para esclarecer, vamos considerar a publicação de um artigo de um pesquisador brasileiro em um periódico, não importando sua origem, em 20/02/2002. Esse cientista, aproveitando-se do Período de Graça, tem até 20/02/2003 para efetuar o depósito do pedido de patente no Brasil sem que essa publicação se constitua em anterioridade ao seu pedido de patente nacional. Caso esse pesquisador tenha interesses em depositar a patente também nos Estados Unidos, o PCT lhe concede o prazo de até um ano, a contar do depósito nacional, para efetuar o depósito nos Estados Unidos, ou seja, até 20/02/2004. Assim, a publicação do artigo em 20/02/2002, para o exame nos Estados Unidos, é considerada como publicado antes do depósito no Brasil e, portanto, aceita como estado da técnica, conseqüentemente impossibilitando a concessão da patente americana.

11.2 Prioridade interna

Uma segunda salvaguarda, conhecida pelo nome de *Prioridade Interna*, é baseada no artigo 17 da LPI. Esse recurso é utilizado quando é feito um depósito de patente inicial para o caso de alguma exposição (oral ou escrita) desse assunto. Quando esse tipo de situação ocorre, o Estado concede ao depositante de pedido de patente de invenção depositado originalmente no Brasil, e ainda não publicado, o prazo de um ano a partir do seu depósito inicial, para que possa entrar com novo pedido de patente sobre a mesma matéria depositada inicialmente. Cabe observar que, com o depósito do segundo pedido de patente, o pedido original será considerado definitivamente retirado [18].

12

Patente nas Universidades e Centros de Pesquisa

Entre as principais características de uma universidade estão a geração de conhecimento e a liberdade de pesquisa. Para tanto, é imprescindível a publicação de artigos como forma de comprovar que esses objetivos estão sendo alcançados. Como não poderia deixar de ser, então, uma das formas de avaliar o cientista é pelo número de publicações que faz. Quanto mais publicações, mais valorizado ele é[6]. Entretanto, os rumos do desenvolvimento tecnológico brasileiro e de sua proteção estão sendo redirecionados. Até então, não era cobrada da universidade a proteção do conhecimento produzido, apenas a publicação dos trabalhos desenvolvidos, mesmo porque, desde a Idade Média, a pesquisa científica tem sido considerada como algo puro que não pode contaminar-se com o lucro, que é característico da atividade empresarial[1]. A filosofia adotada para uma universidade que apenas se preocupa em publicar artigos está pouco a pouco sendo acrescida de um outro ponto bastante importante: a necessidade de proteger o conhecimento produzido através do depósito de patentes.

Das 221 patentes depositadas pelo Brasil nos Estados Unidos em 2003, apenas sete foram feitas por universidades, enquanto que as universidades chinesas depositaram 70. No tocante às instituições públicas de pesquisa no Brasil, depositaram dez patentes, um dos menores índices entre os países emergentes, superando apenas o México, que depositou oito patentes. Infelizmente, esses índices indicam a capacidade tecnológica dos países[41].

O paradigma de que o pesquisador brasileiro não deposita patentes[10] não se baseia apenas na falta de cultura nacional de proteger os conhecimentos desenvolvidos, mas, principalmente, no desconhecimento na matéria de patentes, já que, no que se refere às publicações científicas, o Brasil ocupou o sétimo lugar entre os vinte países que obtiveram maior crescimento em artigos publicados em 2002. Aliás, o pesquisador brasileiro é o responsável por 1,55% das publicações mundiais[2, 3]. Entre as desculpas mais comuns apresentadas para não se depositar pedidos de patente, podem ser citadas: a tramitação da patente é muito demorada; o processo é burocrático; todo mundo vai copiar a patente; no Brasil, ninguém respeita patente, etc. Esse tipo de desculpa já enfatiza falta de conhecimento na matéria.

A título de ilustração, no meio acadêmico há uma tecnologia conhecida como sol-gel. Essa rota processual é importante e bastante pesquisada, uma vez que permite a obtenção de material cerâmico empregando baixa temperatura e obtendo um produto final com qualidades e propriedades que podem ser utilizadas desde a área aeroespacial até a nanotecnologia, razão pela qual é considerada uma rota processual estratégica para o desenvolvimento tecnológico brasileiro.

Foi feita uma pesquisa no Banco de Patentes do INPI a respeito do nível de depósitos de patente relativo a essa tecnologia, conforme mostra a Tabela 3[21].

Os dados disponibilizados nessa tabela confirmam a falta de cultura nacional do pesquisador brasileiro em proteger suas pesquisas que geram tecnologia (ainda que pesquisa básica). Em contrapartida, o cientista estrangeiro, além de proteger sua invenção no país de origem, tem o cuidado de garantir mercados internacionais. Na rota sol-gel, no período de 1986 a 2002, aconteceram cinco depósitos de pedidos de patente oriundos de nacionais;

Tabela 3
Pedidos de patente da rota sol-gel depositados no Brasil no período de
1986-2002

Ano	Quantidade de Pedidos Nacionais Publicados	Quantidade de Pedidos Estrangeiros Publicados
1986 a 1991	0	4
1992 a 1997	1	11
1998 a 2002	4	38
Total	5	53

Fonte: SINPI/INPI.
*SINPI é um sistema de busca de patentes exclusivo dos servidores do órgão.

enquanto isso, no mesmo período, o Brasil recebeu cinqüenta e três depósitos de patente de origem estrangeira.

De acordo com os dados do Ministério da Ciência e Tecnologia, no período de 1997/1999, o Brasil possuía cerca de 31.695 doutores, tendo sido apresentadas 9.000 teses e 29.577 dissertações. Como então explicar esses números tão opostos: 31.695 doutores e 162 pedidos de patente depositados por universidades?

É preciso reverter essa situação. O pesquisador brasileiro é internacionalmente conhecido e valorizado por sua capacidade, o que lhe falta é simplesmente o amadurecimento em proteger suas pesquisas. Chegamos a ponto de a revista inglesa Nature, bastante conhecida no meio científico, afirmar que "já é hora do Brasil transformar sua força da pesquisa em vantagem econômica". A comunidade científica internacional reconhece a força e a qualidade da pesquisa brasileira e está cobrando uma posição. É importante que o meio científico nacional reconheça que é necessário que pesquisas desenvolvidas com subsídio governamental, de alto valor tecnológico, não sejam divulgadas sem a devida proteção. O cientista nacional deve reconhecer que, se não proteger suas inovações, outros vão fazê-lo e, como compensação, ficará com a decepção de ver anos de pesquisa gerando dividendos para quem não investiu.

É preciso que seja mantido, ou até mesmo aumentado, o nível de publicações científicas, mas, principalmente, o número de depósitos de patente deve ser aumentado, como prova de amadurecimento na área de propriedade industrial.

12.1 Publicação de artigos em revistas especializadas

Uma das mais importantes funções da universidade é, sem sombra de dúvidas, a geração de conhecimento e de pessoal qualificado. Essa função específica é comprovada pelo número de artigos de pesquisadores nacionais publicados no *National Science Indicators* que, no ano de 2002, atingiu 11.285 citações. Além dessas publicações, as citações desses artigos também cresceram de forma marcante, haja vista que no período de 1981/1985 aconteceram 14.000 citações, enquanto que no período de 1996/2000 foram ao todo 85.000, de acordo com as informações do Livro Verde[26].

A produção científica é medida pelo número total de trabalhos publicados em revistas especializadas por ano. Os dados mostrados na Tabela 4 representam a quantidade de artigos nacionais publicados em periódicos científicos internacionais indexados, relacionando as publicações nacionais e as da América Latina e as mundiais. Segundo o Ministério de Ciência e Tecnologia – MCT, em 2002, os artigos brasileiros foram responsáveis por 1,55% das publicações mundiais[21].

Tabela 4
Número de artigos publicados em periódicos internacionais

Ano	Brasil	América Latina	Mundo	% Brasil/ América Latina	% Brasil/ Mundo
1981	1.887	5.669	429.263	33,29	0,44
1991	3.925	10.223	567.082	38,39	0,69
2002	11.285	25.743	730.229	43,34	1,55

Fonte: Elaboração própria de acordo com Institut for Scientific Information (ISI). National Science Indicators (NSI); MCT, 07/07/2003.

As informações mostradas nessa tabela indicam que a produção científica brasileira e sua qualidade nada ficam a dever às dos outros países, uma vez que tem conseguido vencer todas as barreiras impostas pelas editoras de revistas especializadas, notadamente as internacionais. Ressalta-se que cerca de 5% dos artigos nacionais divulgados pelo *Journal of Non-Crystalline Solids* e 2% daqueles publicados no *Physics and Chemistry of Glasses*, as mais conceituadas revistas científicas dessa área, foram de responsabilidade de pesquisadores nacionais. Um fato que deve também ser observado é que o Brasil ocupa o sétimo lugar entre os vinte países com maior crescimento no número de artigos publicados em periódicos científicos internacionais indexados, tomando-se como referência os anos de 1997 e 2002, conforme atestam os dados da Tabela 5[26].

Tabela 5
Países com maior crescimento no número de artigos publicados

Posição	País	1997	2002
1	China	17.888	33.561
2	Coréia do Sul	7.845	15.643
3	Japão	61.832	69.183
4	Alemanha	58.452	63.428
5	Espanha	18.120	22.901
6	Itália	26.813	31.562
7	Brasil	6.749	11.285
8	Turquia	3.437	7.737
9	Índia	14.157	17.325
10	Taiwan	7.767	10.831
11	Inglaterra	53.139	56.034
12	EUA	242.686	245.578
13	Polônia	7.351	10.046
14	Singapura	2.232	4.301
15	Austrália	19.036	21.078
16	França	43.018	44.999
17	Grécia	3.784	5.335
18	México	6.586	5.137
19	Portugal	2.040	3.567
20	Bélgica	8.664	10.103

Fonte: Institut for Scientific Information (ISI). National Science Indicators, MCT, 07/07/2003.

12.2 Patentes depositadas nos Estados Unidos

Muito embora a produção científica brasileira esteja em níveis compatíveis com países que apresentam economia similar à nossa, o desenvolvimento nacional tecnológico – avaliado pelo número de patentes depositadas nos Estados Unidos – colocou o Brasil no quadragésimo terceiro lugar entre os setenta e dois países considerados pela Organização das Nações Unidas – ONU, em 2001[27].

De acordo com o relatório da ONU, quando o assunto são patentes concedidas nos Estados Unidos, o volume de patentes concedidas aos residentes americanos correspondeu a 289 patentes por milhão de habitantes. No caso da Coréia, país menor que o Estado do Rio de Janeiro, as patentes concedidas em solo americano equivaleram a 779 patentes por milhão de habitantes. No caso brasileiro, as patentes concedidas corresponderam a duas patentes por milhão de habitantes. Ressalta-se que os dois países – Brasil e Coréia – apresentam condições equivalentes tanto no que se refere à qualidade de suas publicações quanto ao número de cientistas[28, 29].

A título de ilustração, a Tabela 6 apresenta os dados que comprovam a quantidade de pedidos de patente depositada e concedida pela Coréia do Sul e pelo Brasil, no período de 1980 a 2000, através do escritório de patentes americano, de acordo com os dados atualizados do MCT em 29/05/2003[21].

De acordo com o entendimento de Freitas[30], o crescimento tecnológico da Coréia do Sul baseou-se, principalmente, no objetivo do governo de buscar capacitação tecnológica que culminasse no desenvolvimento de tecnologias avançadas e que finalmente possibilitasse a participação de produtos coreanos em mercados internacionais. Esse fato se comprova através do grande número de patentes depositadas e concedidas à Coréia nos Estados Unidos. Em contrapartida, o governo brasileiro, devido ao protecionismo e a inúmeros subsídios governamentais, sempre privi-

Tabela 6
Patentes solicitadas e concedidas ao Brasil e à Coréia do Sul nos Estados Unidos
1980-2000

Ano	Brasil		Coréia do Sul	
	Pedidos	Concessões	Pedidos	Concessões
1980	53	24	33	8
1981	66	23	64	17
1982	70	27	68	14
1983	57	19	78	26
1984	62	20	74	30
1985	78	30	129	41
1986	68	27	162	46
1987	62	34	235	84
1988	71	29	295	97
1989	111	36	607	159
1990	88	41	775	225
1991	124	62	1.321	405
1992	112	40	1.471	538
1993	105	57	1.624	779
1994	156	60	1.354	943
1995	115	63	1.820	1.161
1996	145	63	4.248	1.493
1997	134	62	1.920	1.891
1998	165	74	5.452	3.259
1999	186	91	5.033	3.562
2000	.....	98	.....	3.314
Total	2028	980	26.763	18.092

Fonte: Institut for Scientific Information (ISI). National Science Indicators (NSI), MCT. Atualizada em 29/05/2003.

legiou a compra de tecnologia externa em detrimento de uma capacitação interna que gerasse produtos com qualidade e, conseqüentemente, o crescimento econômico do país. Decorre, portanto, dessa forma de encarar, tanto a tecnologia quanto o mercado internacional, o baixo número de patentes depositadas e concedidas a brasileiros nos Estados Unidos. Quer dizer, o baixo número de patentes brasileiras depositadas nos Estados Unidos basicamente tem sido decisão política e falta de percepção brasileira da importância da proteção industrial.

O vice-diretor geral da OMPI, Roberto Castelo, afirmou: *"Produzimos tecnologia de ponta e vivemos um atraso em número de patentes"*[31].

12.3 Depositar ou não a patente?

Muito embora existam inúmeros incentivos no tocante às esferas governamental e empresarial, tanto no Brasil quanto em outros países, para a elevação dos depósitos de patente, sobretudo no meio acadêmico, nem tudo o que se pesquisa tem condições de gerar patente. Muitas dessas pesquisas continuarão simplesmente sendo publicadas com o objetivo de atender à função de gerar conhecimento, ou seja, sem nenhum interesse mercadológico; outras não deverão nem ser publicadas por se referir ainda à matéria que deve ser mantida em segredo, e outras deverão ter a patente depositada antes das publicações. Cada caso é um caso, que deve ser avaliado com bastante seriedade[21].

Inicialmente, é bom esclarecer que, no caso de se pensar em depositar uma patente, devem ser respondidas duas perguntas básicas:

a) As informações disponibilizadas na publicação (artigos, resumos para congressos e similares, internet, posters, dissertações, teses) permitem a reprodução do processo ou do produto final por um técnico no assunto?

b) Quando foi efetuada a publicação?

Dependendo das respostas a essas perguntas, tanto o depósito do pedido de patente nacional quanto aquele feito em outros países podem ser inviabilizados, uma vez que a LPI brasileira e dos outros países determina que um dos pré-requisitos para a concessão de uma patente é sua novidade absoluta.

Assumindo que a publicação efetuada não impede o depósito do futuro pedido de patente, ainda restam algumas considerações a serem observadas, antes da decisão do depósito da patente. Algumas perguntas devem ser respondidas (dependendo do caso, existem muitas outras)[21, 32, 33].

1) Você depositou a patente antes da publicação do artigo, dissertação, tese?
2) Se não, você submeteu o artigo consciente da necessidade da proteção intelectual?
3) Foi efetuada uma busca de anterioridade no Brasil e no exterior?
4) Foi efetuada uma busca na documentação de patente?
5) A tecnologia está se desenvolvendo de forma rápida no Brasil?
6) A tecnologia está se desenvolvendo de forma rápida no exterior?
7) Diz respeito a uma nova área tecnológica?
8) Existe interesse em licenciar a invenção?
9) O valor comercial do processo e/ou produto é superior aos custos envolvidos desde o depósito até a concessão da patente?
10) O novo material já está em condições de ser fabricado?
11) O novo material ainda necessita de uma fase de transição entre a escala de laboratório e a industrial?
12) Vale a pena depositar essa patente também em outros países?
13) Quais os segmentos tecnológicos que poderiam se beneficiar dessa invenção?
14) Você aplicaria suas economias nessa pesquisa?

12.4 O que acontece quando a patente não é depositada?

É incontestável que, entre as funções de uma universidade, não se encontra a geração de tecnologia, mas a geração de conhecimento e pessoal qualificado. Entretanto, a universidade, sobretudo a pública, recebe investimentos governamentais para suas pesquisas, razão pela qual é de sua responsabilidade a proteção do dinheiro público. E como protegê-lo? Depositando a patente daquelas pesquisas básicas que apresentem condições de gerar produtos inovadores. De posse da propriedade da patente, se for o caso, a universidade pode permitir que a sociedade usufrua dos benefícios daquela patente sem cobrar qualquer ônus. Da mesma forma, pode licenciar essa patente, garantindo o retorno financeiro para as próximas pesquisas.

Inúmeros pesquisadores já sofreram o dissabor de ver que anos de pesquisa desenvolvida em seus laboratórios foram protegidos por empresas que não despenderam nenhum investimento para isso. É o caso, por exemplo, de um professor de uma universidade de Campinas, São Paulo, que descobriu uma forma de despoluir águas contaminadas. Em vez de depositar a patente, publicou sua pesquisa em uma revista especializada. Como resultado dessa atitude, tempos depois, soube que uma empresa americana utilizou seu método de despoluição de águas sem que ele recebesse qualquer pagamento. "Foi uma lição que nunca mais esqueci", afirmou o professor[31].

Um outro exemplo foi o que aconteceu com um aluno de um professor de uma universidade paulista. No período de 1995 e 1996, um de seus alunos de doutorado participou do desenvolvimento de biovidros em uma universidade americana. Essa pesquisa gerou uma patente cuja titularidade ficou com essa universidade, que a licenciou a uma empresa e, atualmente, recebe os *royalties*. Os inventores brasileiros, todavia, não recebem nada, muito embora seus nomes figurem no rol dos inventores da patente[34].

Finalmente, o caso de uma professora que desenvolvia há 20 anos uma pesquisa na área de um marcador genético de hipertensão. Ela foi expor sua pesquisa em uma conferência em Oxford, no ano de 1999. Durante sua exposição, foi surpreendida com uma pergunta simples, mas que a deixou perplexa: "Você já patenteou sua descoberta?" Ela confessou, mais tarde, que nunca tinha pensado em patentes até aquele momento[35].

Um outro exemplo é o caso do medicamento captopril (nome genérico). Este foi desenvolvido por um pesquisador brasileiro que publicou um artigo científico e não protegeu sua patente. Como resultado, um laboratório americano registrou a patente. Esse medicamento ocupa o segundo lugar entre os produtos farmacêuticos mais vendidos no mundo, em 1990[17].

12.5 O que acontece quando a patente é depositada?

Nenhuma invenção, por melhor que seja, tem condições de alcançar o mercado sem que tenha uma proteção na área de patentes. Nenhum empresário consente em arriscar seu capital em uma inovação que não lhe garanta a propriedade ou, pelo menos, o direito de explorar sem concorrentes. Assim, uma forma de chamar a atenção do empresário para o novo produto é através do depósito da patente. Existem vários exemplos de sucesso quando a patente é depositada.

Pesquisadores brasileiros, depois de dez anos de estudo, desenvolveram uma membrana de látex que está sendo empregada para curar feridas crônicas, como escaras, úlceras de pele e lesões causadas por traumas ou cirurgias. Depositaram a patente e ela já está sendo comercializada[36].

Uma vacina antiofídica desenvolvida em uma universidade mineira foi patenteada em 2002. A universidade já escolheu uma empresa interessada em produzir a vacina em nível industrial, que ainda desenvolverá os testes de campo antes de torná-la disponível no mercado[37].

Pesquisadores paulistas desenvolveram um diamante artificial, devidamente protegido pela patente (PI 9500865-9), no qual, entre suas utilizações, está incluída uma broca para uso odontológico que já está sendo produzida e gerando royalties para seus detentores.

Existe ainda um sem-número de invenções, patenteadas e vitoriosas, que têm gerado ao longo dos anos royalties aos seus detentores. Entre eles, podemos citar o Sterilair (PI 8302255-4), um aparelho elétrico capaz de esterilizar o ar ambiental degradando os microorganismos em suspensão no ar, evitando a proliferação de mofo e, conseqüentemente, a população de ácaros. Quem não conhece o "spaghetti" de piscina atualmente tão utilizado em aulas de hidroginástica (PI 9505279-8)[42]?

Um outro exemplo de invenção bem-sucedida é o revisor gramatical desenvolvido, em 1992, por professores do Instituto de Matemática, Estatística e Computação Gráfica de uma universidade paulista. Esse revisor acabou sendo incorporado pela Microsoft ao Office 2000. Foi desenvolvido, também por um inventor nacional, o plástico biodegradável (PI 9806557-2). Esse plástico é obtido através de uma bactéria que se alimenta diretamente de açúcar e transforma o excedente de seu metabolismo sob a forma de plástico biodegradável, conhecido por PHB (polihidroxibutirato)[42].

13

PCT

O sistema tradicional de patentes exige que o depósito do pedido de patente seja feito em cada um dos países em que se deseja a proteção, considerando que a patente só tem validade no país em que é solicitada. Para solucionar este problema, foi assinado, em junho de 1970, o Tratado de Cooperação em matéria de Patente, mais conhecido por sua sigla PCT (do inglês, *Patent Cooperation Treaty*). Esse tratado, que é administrado pela OMPI (Organização Mundial da Propriedade Intelectual), passou a vigorar em 24 de janeiro de 1978, mas começou de fato a funcionar a partir de 1º de junho do ano seguinte com um grupo de dezoito Estados contratantes. Em 3 de janeiro de 2005, faziam parte do PCT, ao todo, 125 Estados [38, 39]. A relação desses países encontra-se no site da OMPI, www.wipo.int.

O principal objetivo do PCT é facilitar e tornar o mais eficiente possível o depósito do pedido de patente nos vários Estados contratantes. Antes de seu advento, a única forma de se obter a proteção em vários países consistia na apresentação separada do pedido de patente em cada um dos países. O PCT permite que o pedido de patente seja depositado em um único país (receptor), em um único idioma, estendendo seu efeito para cada um dos países pretendidos, bastando tão-somente que sejam designados pelo depositante. Cabe ressaltar, entretanto, que, em cada um dos países designados, o pedido de patente passa pela fase nacional de tramitação, podendo ganhar ou não a patente nesse país[38].

13.1 Procedimentos para depósito no PCT

O depósito no PCT abrange uma fase internacional e uma nacional. A fase internacional envolve quatro estágios principais: o depósito, a busca internacional, a publicação internacional e, finalmente, o exame preliminar internacional. O depósito do pedido de patente normalmente ocorre no país de origem do depositante. Para a busca internacional, existem atualmente dez institutos especialmente designados pela Assembléia da União do PCT, responsáveis pela realização da busca internacional. A etapa seguinte é a publicação internacional, que é realizada pelo Escritório Internacional em Genebra. A última etapa, o exame preliminar internacional, é geralmente realizada pela OMPI, que é incumbida da busca internacional.

Logo após a fase internacional, se o depositante desejar manter seu pedido, tem início a fase nacional, em cada um dos países designados. Nesse momento, o depositante deve dirigir-se diretamente a cada um dos países designados e apresentar a documentação necessária.

13.2 Taxas

Para o depósito no PCT, existem certas taxas que devem ser pagas aos institutos (órgão em cada um dos países incumbido de realizar o exame técnico para a concessão ou não da patente. No caso do Brasil, esse órgão é o Instituto Nacional da Propriedade Industrial – INPI) envolvidos no procedimento.

A primeira taxa é devida e fixada pelo órgão receptor. É denominada "taxa de transferência". A próxima taxa denomina-se "taxa internacional", que se constitui em duas taxas: a "taxa básica" e a "taxa de designação". A função da taxa internacional é cobrir os custos pelo trabalho de preparação do pedido para a publicação e para todas as comunicações aos institutos referentes e ao depositante. Essa taxa é recebida pelo Escritório Internacional.

Há, também, a taxa de busca que cobre as despesas com a busca internacional e que é paga ao instituto responsável por esta (escolhido pelo depositante). Uma outra taxa refere-se ao exame preliminar internacional. Existem, da mesma forma, as taxas nacionais; entretanto, cada uma delas é fixada pelos institutos designados, nos respectivos países onde se requer a patente.

É interessante ressaltar, todavia, que durante a fase internacional o depositante pode pleitear uma redução nas taxas, que pode chegar a 75%. Essa redução, entretanto, somente é concedida a pessoas físicas que sejam nacionais ou residentes de certos países cuja renda per capita seja inferior a US$ 3.000.

Anexo I

Código para Identificação de Dados Bibliográficos (INID)

(10) Identificação do Documento.

(11) Número do documento.

(12) Designação do tipo de documento (pedido de patente, patente etc).

(13) Tipo de código de documento.

(19) Nome do país ou repartição que publicou o documento de patente.

(20) Dados de Pedidos Nacionais.

(21) Número de depósito – fornecido no momento da sua apresentação.

(22) Data do depósito do pedido de patente.

(23) Outra(s) data(s), incluindo a de depósito das especificações completas após especificações provisórias ou data de exibição pública.

(30) Datas de Prioridade.

(31) Número do depósito da prioridade unionista.

(32) Data de depósito do pedido de patente no país de origem (prioridade unionista).

(33) País do depósito da prioridade unionista.

(40) Datas de Acesso ao Público.

(41) a (47) Datas em que o documento de patente torna-se acessível ao público.

(43) Data da publicação do pedido de patente, ainda não examinado.

(45) Data da expedição da Carta Patente.

(50) Informação Técnica.

(51) Classificação Internacional de Patente.

(52) Classificação Nacional de Patente.

(54) Título do pedido de patente.

(56) Lista de documentos do estado da técnica.

(57) Resumo ou reivindicações.

(60) Relação a outros Documentos de Patentes Nacionais.

(62) Desdobramento – referência ao documento que originou o desdobramento.

(63) Número e data do depósito de um pedido anterior em relação ao qual o pedido está relacionado, por exemplo, pedido desdobrado.

(70) Identificação das Partes Relacionadas com o Documento.

(71) Nome(s) do(s) Depositante(s).

(72) Nome(s) do(s) Inventor(es).

(73) Nome(s) do(s) Titular(es).

(74) Nome do Procurador.

(75) Nome do(s) inventor(es), também depositante(s).

(80) Identificação de Dados Relacionados a Convenções Internacionais além da Convenção de Paris.

(81) Países designados em depósitos pelo PCT.

Anexo II

Desenho Industrial

O artigo 95 da LPI define desenho industrial como a forma plástica ornamental de um objeto ou o conjunto ornamental de linhas e cores que possa ser aplicado a um produto, proporcionando resultado visual novo e original na sua configuração externa e que possa servir de tipo de fabricação industrial.

A validade do desenho industrial é de dez anos (a partir do seu depósito), prorrogável por três períodos sucessivos de cinco anos cada um. Assim, a cada cinco anos, o titular do registro de desenho industrial deve comprovar seu interesse pelo registro através do pagamento do qüinqüênio (e suas respectivas prorrogações).

Diferentemente da patente, o pedido de registro de desenho industrial não sofre nenhum exame técnico, mas apenas um exame formal preliminar no qual será verificado se a formatação exigida para a confecção do pedido foi atendida. Após a concessão do registro, caso seja do interesse do seu detentor, pode ser solicitado um exame de mérito quanto aos aspectos de novidade e originalidade.

O artigo 100 da LPI define o que não é registrável como desenho industrial:

I – o que for contrário à moral e aos bons constumes ou que ofenda a honra ou imagem de pessoas, ou atente contra a liberdade de consciência, crença, culto religioso ou idéia e sentimentos dignos de respeito e veneração;

II – a forma necessária, comum ou vulgar, do objeto ou, ainda, aquela determinada essencialmente por considerações técnicas ou funcionais.

Para o depósito de desenho industrial, não é exigido que se apresente um relatório descritivo, reivindicações e resumo, apenas os desenhos ou fotografias que caracterizem o objeto reivindicado. É importante ressaltar que, no caso de desenho tridimensional, é imprescindível a apresentação das vistas frontal, laterais, perspectiva, superior e inferior.

Anexo III

Marca

A marca é um sinal utilizado para fazer distinção entre os produtos ou serviços oferecidos por uma empresa e os produtos e serviços oferecidos por outra empresa. Por exemplo, existem várias empresas que trabalham nas áreas de confecção, automobilística, de produtos de higiene etc. Cada uma dessas empresas distingue seu produto através de sua marca.

A marca é classificada em:

a) *marca nominativa:* aquela que consiste de palavras, letras ou algarismos, desde que esses elementos não se apresentem sob a forma fantasiosa ou figurativa. Exemplos: as marcas Criança Sapeca e Kero Kero.

b) *marca figurativa:* aquela que consiste de uma figura, desenho, imagem ou qualquer forma fantasiosa de letra e número, isoladamente. Exemplo: a concha do logotipo da Shell.

c) *marca mista:* aquela que consiste da união dos elementos nominativos e figurativos ou de elemento nominativo de forma isolada. Por exemplo, o logotipo do INPI.

d) *marca tridimensional:* é aquela constituída pela forma plástica de produto ou embalagem cuja forma tenha capacidade distintiva em si e esteja dissociada de efeito técnico (não confundir com o Desenho Industrial).

A marca pode ser requerida por pessoa física ou jurídica, desde que comprovada de modo efetivo e lícito sua atividade. No caso de pessoa física, a marca só será concedida dentro da atividade do requerente. Por exemplo: um engenheiro só pode pedir uma marca dentro da área de engenharia, e nunca na área de medicina ou confecção. Um professor pode solicitar a marca na área de ensino, e nunca na área de construção civil. No caso de empresa jurídica, da mesma forma, é necessária a comprovação de sua atividade. Por exemplo: uma empresa de confecção só pode solicitar uma marca dentro dessa atividade, e nunca na área de telefonia.

A comprovação de atividade pode ser realizada, no caso de pessoa física, com a apresentação de documento de autônomo ou de um comprovante do Conselho Regional a que pertence o solicitante. Por exemplo: CREA (para a área de engenharia e arquitetura), CRO (para dentista), OAB (advogado) etc.

Quanto ao uso, a marca pode ser:

a) *de produtos ou serviços:* usada para distinguir produtos ou serviços de outros idênticos, semelhantes ou afins. Exemplo: Ainos, para roupas, Embratur, para turismo.

b) *coletivas:* usadas para identificar produtos ou serviços de membros de uma determinada entidade. Exemplo: Cooperativas agropecuárias etc.

c) *de certificação:* empregadas para atestar a conformidade de um produto ou serviço com determinadas normas técnicas, principalmente quanto à qualidade, natureza, material utilizado e metodologia empregada. Exemplo: Abic para produtores de café.

A legislação brasileira prevê ainda dois tipos de marcas:

a) *Marca de Alto Renome:* para o caso em que o sinal devidamente registrado goze de renome que transcenda o segmento de mercado para o qual foi originalmente destinado. Neste caso, fica assegurada proteção especial em todos os ramos de atividade (exemplo: Coca-Cola).

b) *Marca Notoriamente Conhecida:* de acordo com os termos da Convenção de Paris, tratado que abrange mais de cem países em todo o mundo, este tipo de marca goza de proteção especial, mesmo não estando previamente registrada no Brasil. A abrangência de sua notoriedade se dá no mesmo gênero de produtos ou em gênero semelhante. A notoriedade é comprovada no segmento mercadológico.

A validade do registro de marca vigorará pelo prazo de dez anos, contados da data da concessão do registro, prorrogável por períodos iguais e sucessivos.

Anexo IV

Pedidos de Patente

Folha de rosto de um pedido de patente brasileiro

(11) (21) **PI 9510355-4 A**

(22) Data de Depósito: 30/08/95

(43) Data de Publicação: 23/12/97 (RPI 1409)

(51) Int. Cl^6.:
C09K 3/14
C01F 7/02
C04B 35/111

REPÚBLICA FEDERATIVA DO BRASIL
Ministério da Indústria, do Comércio e do Turismo
Instituto Nacional da Propriedade Industrial

(54) Título: Alumina sol-gel modificada.

(30) Prioridade Unionista: 17/11/94 US 341249

(71) Depositante(s): Saint-Gobain/Norton Industrial Ceramics Corporation (US)

(72) Inventor(es): Ajay K. Garg

(74) Procurador: Dannemann, Siemsen, Bigler & Ipanema Moreira

(86) Pedido Internacional: PCT US 95/10961 de 30/08/95.

(87) Publicação Internacional: WO 96/16138 de 30/05/96.

(57) Resumo: Patente de Invenção: "ALUMINA SOL-GEL MODIFICADA". Trata-se de partículas abrasivas de alumina alfa com contornos de grão modificados com pelo menos um óxido dentre ítria e óxido de metal terroso raro e um ou mais óxidos selecionados dos óxidos de magnésio e/ou elementos de transição, que têm um desempenho melhorado se pelo menos os modificadores ítria e/ou óxido de metal terroso raro estiverem presentes no corpo da partícula em concentrações pelo menos tão altas quanto suas concentrações na superfície da partícula.

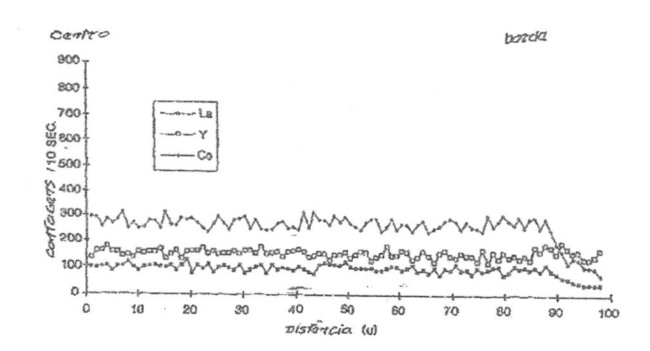

Folha de rosto de um pedido de patente francês

(19) RÉPUBLIQUE FRANÇAISE

INSTITUT NATIONAL
DE LA PROPRIÉTÉ INDUSTRIELLE

PARIS

(11) N° de publication : **2 672 906**
(à n'utiliser que pour les commandes de reproduction)

(21) N° d'enregistrement national : **92 01514**

(51) Int Cl⁵ : C 23 C 30/00//C 22 C 14/00

(12) **DEMANDE DE BREVET D'INVENTION**   A1

(22) Date de dépôt : 11.02.92.
(30) Priorité : 19.02.91 US 656495.

(71) Demandeur(s) : *GRUMMANAEROSPACE CORPORATION Société de droit américain* — US.

(72) Inventeur(s) : Tobin Albert G. — *Cabinet Ballot-Schmit.*

(43) Date de la mise à disposition du public de la demande : 21.08.92 Bulletin 92/34.

(56) Liste des documents cités dans le rapport de recherche : *Le rapport de recherche n'a pas été établi à la date de publication de la demande.*

(60) Références à d'autres documents nationaux apparentés :

(73) Titulaire(s) :

(74) Mandataire : Cabinet Ballot-Schmit.

(54) Revêtement à barrière de diffusion pour alliages de titane.

(57) Afin de produire une surface résistante à l'oxydation pour des aluminures et des alliages de titane, un métal réfractaire est déposé sur un substrat (12) de matériau à base de titane pour former une barrière de diffusion (14). La surface de la barrière (14) est alors alliée avec un métal pour former une écaille d'oxyde protecteur lors de l'exposition à un milieu oxydant à haute température. Dans un mode de réalisation préféré, du niobium ou du tantale est utilisé comme couche barrière réfractaire (14).

FR 2 672 906 - A1

Couche résistante à l'oxydation Ni, Fe, Cr, Co et Al
18
Couche barrière Nb ou Ta
14
Substrat titane
12

74 PATENTES – DESVENDANDO SEUS MISTÉRIOS

Folha de rosto de um pedido de patente inglês

(12) **UK Patent Application** (19) GB (11) **2 252 981** (13) A

(43) Date of A publication 26.08.1992

(21) Application No 9203439.6
(22) Date of filing 18.02.1992
(30) Priority data
    (31) 07656495   (32) 19.02.1991   (33) US

(71) Applicant
    Grumman Aerospace Corporation
    (Incorporated in the USA – New York)
    South Oyster Bay Road, Bethpage, New York 11714, United States of America

(72) Inventor
    Albert G Tobin

(74) Agent and/or Address for Service
    Haseltine Lake & Co
    Hazlitt House, 28 Southampton Buildings, Chancery Lane, London, WC2A 1AT, United Kingdom

(51) INT CL^5
    C23C 14/58 14/16 28/02

(52) UK CL (Edition K)
    C7F FAXX FPEX FP811 FP841 FP864 FQ861
    FQ864 FR820 FR841 FR852 FR853 FR862 F102
    F103 F105 F411 F420 F440
    U1S S1854 S3010

(56) Documents cited
    GB 2222604 A   GB 1604137 A   GB 1545305 A
    GB 1517606 A   GB 1457033 A   GB 1215088 A
    GB 0536812 A   JP 570126962 A   US 4305998 A
    US 3309292 A

(58) Field of search
    UK CL (Edition K) C7B BBPK BCCD BCCF, C7F
    FACE FACL FACM FACP FACX FAHE FAHL
    FAHM FAHP FAHX FAXE FAXL FAXM FAXP
    FAXX FBAX FBBX FBXX FGA FGB FGZ FPCX
    FPDX
    INT CL C23C
    Online databases: WPI, CLAIMS

(54) **Diffusion barrier coating for titanium alloys involving alloying**

(57) In order to produce an oxidation-resistant surface for titanium aluminides and alloys, for use in aerospace structures, a refractory metal is deposited on a substrate of the titanium material to form a diffusion barrier. The surface of the barrier is then alloyed with a metal to form a protective oxide scale on exposure to a high-temperature oxidizing medium. In a preferred embodiment niobium or tantalum is used as the refractory barrier layer. Alloying of the barrier layer may be effected by applying a surface alloy consisting of alloy compositions of Cr, Ni, Fe, Co and Al is either alloyed to the surface alloy layer either by aluminization or by co-sputtering Al with the other elements which alloy then alloys with the barrier layer surface, suitably with heating. Alternatively a film of one of Ni, Fe, Cr or Co is applied onto a Nb film and then a layer of Al is evaporated thereon.

Folha de rosto de um pedido de patente americano

US 20030162284A1

(19) **United States**
(12) **Patent Application Publication** (10) Pub. No.: US 2003/0162284 A1
Dordick et al. (43) Pub. Date: Aug. 28, 2003

(54) BIOCATALYTIC SOLGEL MICROARRAYS

(76) Inventors: Jonathan S. Dordick, Schenectady, NY (US); Douglas S. Clark, Orinda, CA (US)

Correspondence Address:
HAMILTON, BROOK, SMITH & REYNOLDS, P.C.
530 VIRGINIA ROAD
P.O. BOX 9133
CONCORD, MA 01742-9133 (US)

(21) Appl. No.: 10/287,442
(22) Filed: Nov. 1, 2002

Related U.S. Application Data

(60) Provisional application No. 60/336,045, filed on Nov. 1, 2001.

Publication Classification

(51) Int. Cl.^{7} G01N 33/53; G01N 33/567; C12M 1/34
(52) U.S. Cl. 435/287.2; 435/7.2

(57) **ABSTRACT**

A system and method for conducting high-throughput interactions between test compositions and analytes, comprising one or more test compositions, and a plurality of independent micromatrices, wherein each said micromatrix encapsulates at least one said test composition; and said micromatrices are made of a material that is permeable to an analyte.

Folha de rosto de um pedido de patente alemão

(19) BUNDESREPUBLIK DEUTSCHLAND

DEUTSCHES PATENTAMT

(12) **Offenlegungsschrift**
(10) **DE 42 04 447 A 1**

(21) Aktenzeichen: P 42 04 447.2
(22) Anmeldetag: 14. 2. 92
(43) Offenlegungstag: 27. 8. 92

(51) Int. Cl.⁵:
C 23 C 14/14
C 23 F 15/00
// B64G 1/22, B64C 1/40, 3/36

(30) Unionspriorität: (32) (33) (31)
19.02.91 US 656495

(71) Anmelder:
Grumman Aerospace Corp., Bethpage, N.Y., US

(74) Vertreter:
Prüfer, L., Dipl.-Phys.; Materne, J.,
Dipl.-Phys.Dr.rer.nat.habil., Pat.-Anwälte, 8000
München

(72) Erfinder:
Tobin, Albert G., Smithtown, N.Y., US

(54) Beschichtungsverfahren

(57) Zum Vorsehen einer oxidationsfesten Oberfläche für Titanaluminide und -legierungen wird ein wärmefestes Metall auf einem Substrat des Titanmaterials zum Bilden einer Diffusionsbarriere abgeschieden. Die Oberfläche der Barriere wird dann mit einem Metall legiert zum Bilden einer schützenden Oxidüberlappung auf das Aussetzen gegenüber einem oxidierenden Hochtemperaturmedium hin. Als Barrierenschicht kann Tantal oder Niobium verwendet werden.

OXIDATIONSWIDERSTANDSSCHICHT 18
Ni, Fe, Cr, Co und Al

BARRIERENSCHICHT 14
Nb oder Ta

Ti-SUBSTRAT
12

Folha de rosto de um pedido de patente via PCT

PCT WORLD INTELLECTUAL PROPERTY ORGANIZATION
International Bureau

INTERNATIONAL APPLICATION PUBLISHED UNDER THE PATENT COOPERATION TREATY (PCT)

(51) International Patent Classification ^{6} :		(11) International Publication Number:	**WO 98/56213**
H05B 37/00	A1	(43) International Publication Date:	10 December 1998 (10.12.98)

(21) International Application Number: PCT/US98/10934

(22) International Filing Date: 3 June 1998 (03.06.98)

(30) Priority Data:
60/048,599   4 June 1997 (04.06.97)   US
60/055,488   12 August 1997 (12.08.97)   US

(71) Applicant (for all designated States except US): FUSION LIGHTING, INC. [US/US]; 7524 Standish Place, Rockville, MD 20855-2730 (US).

(72) Inventors; and
(75) Inventors/Applicants (for US only): TIAN, Yonglai [CN/US]; 3819 Charles Stewart Drive, Fairfax, VA 22033 (US). KIRKPATRICK, Douglas, A. [US/US]; 10929 Beach Mill Road, Great Falls, VA 22066 (US). CRAIG, Bradley, D. [US/US]; 525 University Avenue S.E. #1, Minneapolis, MN 55414 (US). RASMUSSEN, John, F. [US/US]; 15301 Kwanzan Court, North Potomac, MD 20878 (US). URY, Michael, G. [US/US]; 5 Seekonk Cross Road, Great Barrington, MA 01230 (US).

(74) Agents: STEINER, Paul, E.; Patent Counsel, Fusion Lighting, Inc., 7524 Standish Place, Rockville, MD 20855-2730 (US) et al.

(81) Designated States: AL, AM, AT, AU, AZ, BA, BB, BG, BR, BY, CA, CH, CN, CU, CZ, DE, DK, EE, ES, FI, GB, GE, GH, GM, GW, HU, ID, IL, IS, JP, KE, KG, KP, KR, KZ, LC, LK, LR, LS, LT, LU, LV, MD, MG, MK, MN, MW, MX, NO, NZ, PL, PT, RO, RU, SD, SE, SG, SI, SK, SL, TJ, TM, TR, TT, UA, UG, US, UZ, VN, YU, ZW, ARIPO patent (GH, GM, KE, LS, MW, SD, SZ, UG, ZW), Eurasian patent (AM, AZ, BY, KG, KZ, MD, RU, TJ, TM), European patent (AT, BE, CH, CY, DE, DK, ES, FI, FR, GB, GR, IE, IT, LU, MC, NL, PT, SE), OAPI patent (BF, BJ, CF, CG, CI, CM, GA, GN, ML, MR, NE, SN, TD, TG).

Published
With international search report.

(54) Title: METHOD AND APPARATUS FOR IMPROVED ELECTRODELESS LAMP SCREEN

(57) Abstract

A screen (49) including mesh portions (47 and 48) for a discharge lamp (46) bears a protective coating which inhibits degradation of the screen under lamp operating conditions. The coating does not absorb microwave energy, is transparent or reflective to visible light, and is capable of protecting the screen for at least several thousand hours of operation without substantial oxidation or tarnishing of the screen. The coating remains on the screen at screen temperatures above about 300 degrees C, and the coating does not significantly crack as the screen heats and cools. The coating may include, for example, a solgel deposited single phase or two phase glass.

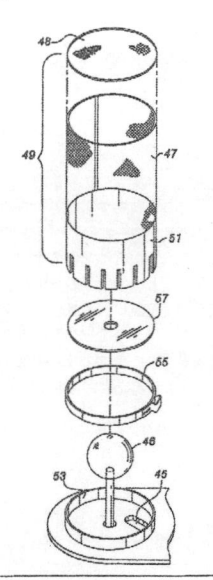

Folha de rosto de um pedido de patente japonês

(19)日本国特許庁（ＪＰ）　　（12)公開特許公報（Ａ）　　(11)特許出願公開番号
特開2000－128645
（P2000－128645Ａ）
(43)公開日　平成12年5月9日(2000.5.9)

(51)Int.Cl.^{7}	識別記号	FI		テーマコード*（参考）
C04B 35/622		C04B 35/00	E	
C01B 13/32		C01B 13/32		
C04B 35/495		C09D 5/00	Z	
C09D 5/00		C04B 35/00	G	
			J	

審査請求　未請求　請求項の数31　ＯＬ　（全　9　頁）　最終頁に続く

(21)出願番号	特願平11-95971	(71)出願人	595108145
			エスエスアイ・テクノロジーズ・インコーポレーテッド
(22)出願日	平成11年4月2日(1999.4.2)		SSI Technologies, Inc.
			アメリカ合衆国ウィスコンシン州53546,
(31)優先権主張番号	062179		ジェーンズヴィル, パーマー・ドライブ
(32)優先日	平成10年4月17日(1998.4.17)		3200
(33)優先権主張国	米国（US）	(74)代理人	100089705
			弁理士　社本　一夫　（外5名）

最終頁に続く

(54)【発明の名称】　ゾル・ゲルバインダー溶液及びそれによる溶液析出法

(57)【要約】
【課題】　マイクロメカニカルセンサー、アクチュエーター等の構成に必要とされる例えば100μm程度までの比較的厚い実質的に無亀裂の、高密度のセラミックフィルムそりを製造するための有機金属ゾル・ゲルバインダー溶液及びコーティング組成物、ならびに該セラミックフィルム製造方法を提供すること。
【解決手段】　使用する有機金属ゾル・ゲルバインダー溶液の粘度及びｐＨ、セラミック粉末の粒径及び粘度分布、ならびにセラミック粉末の添加率をそれぞれ特定範囲に限定することにより収縮亀裂の無い目的セラミックフィルムを得ることができる。

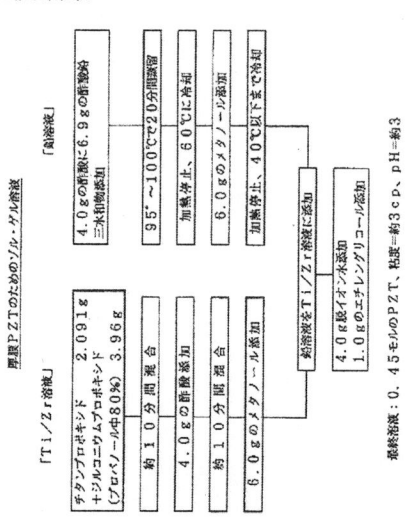

Anexo V

Perguntas Freqüentes

O assunto "patentes" não se esgota nunca. Sempre existirão perguntas sem respostas, pois cada caso deve ser analisado separadamente, dentro do seu contexto. Todavia, no sentido de diminuir algumas dúvidas, esse anexo tem por objetivo responder a algumas questões que insistem em permanecer.

1) Que direitos tenho a partir do depósito do meu pedido de patente?

   Resposta: Com o depósito do pedido de patente, o depositante possui apenas uma expectativa de um direito, ou seja, uma "esperança" de que, se não for encontrada nenhuma anterioridade durante o exame técnico do seu pedido, ele poderá no futuro ter seu pedido transformado em uma patente. Seu direito será concretizado apenas depois da concessão da patente (depois de realizado o exame técnico).

2) Posso modificar o pedido de patente após o depósito?

   Resposta: A Lei de Propriedade Industrial, em vigor, permite a modificação do pedido apenas se for para melhor esclarecer ou definir o pedido de patente e, mesmo assim, desde que dentro do inicialmente revelado. Quer dizer, se após o depósito o interessado constatar a presença de erros datilográficos, expressões inadequadas, texto confuso, etc., é permitida a modificação no pedido. Entretanto, essas modificações não podem incluir matéria não descrita no pedido inicial. Todo aperfeiçoamento posterior ao depósito deverá ser protegido por outro pedido de patente depositado.

3) Posso transferir para outra pessoa ou empresa meu pedido de patente?

Resposta: Baseado na expectativa do direito, o depositante pode transferir, ceder, licenciar, doar seu pedido de patente para quem lhe interessar. O mesmo procedimento se aplica para a patente concedida.

4) Quando deposito meu pedido de patente no Brasil ele é válido em todos os países? Posso requerer uma patente internacional?

Resposta: Não, para as duas perguntas. A Convenção da União de Paris determina em seu artigo 5º que a patente só é válida no território do país em que é depositada. Cada país, signatário dessa Convenção, é independente, auto-suficiente para decidir se concede ou não uma patente em seu território. Portanto, não existe uma patente "internacional".

5) Se eu depositar meu pedido de patente apenas no Brasil, alguém pode depositá-lo em outro país e ganhar a patente lá?

Resposta: A patente só é válida no país em que é solicitada. Conseqüentemente, nos outros países em que não for depositada pelo interessado, será considerada domínio público. Quer dizer, ninguém tem o direito à patente, mas todos podem se utilizar do seu conteúdo sem que o depositante possa exigir qualquer royalty. O mesmo procedimento se aplica a uma patente estrangeira que não foi reivindicada no Brasil. Imaginemos uma patente americana que não fez seu depósito no Brasil. Aqui, todos os brasileiros e residentes podem reproduzir livremente o conteúdo dessa patente, aperfeiçoá-lo e reivindicar a propriedade do aperfeiçoamento introduzido.

6) Qual o prazo que tenho para efetuar o depósito do meu pedido de patente no exterior?

   Resposta: A Convenção da União de Paris (CUP) determina que os países signatários (entre eles, os signatários do PCT) concedam o prazo de prioridade unionista de um ano, a contar do depósito no país de origem, para todos os depósitos de patente realizados nos países signatários. Assim, por exemplo, se um pedido de patente (privilégio de invenção ou modelo de utilidade) for depositado no Brasil em 10/11/2004, ele tem até 10/11/2005 para depositar seu pedido de patente no exterior.

7) O que faço se alguém copiar meu pedido de patente?

   Resposta: Como dito anteriormente, o pedido de patente confere ao depositante apenas uma expectativa de direito. Sendo assim, cabe apenas ao depositante efetuar uma notificação, via cartório, a quem está copiando sem sua autorização, informando que tem esse pedido de patente depositado no INPI e, caso esse pedido se transforme posteriormente em uma patente (direito concretizado), o titular da patente poderá mover uma ação contra quem o está copiando. O artigo 44 da LPI define que *"ao titular da patente é assegurado o direito de obter indenização pela exploração indevida de seu objeto, inclusive em relação à exploração ocorrida entre a data de publicação do pedido e a concessão da patente"*.

8) Quando minha patente perde sua validade?

   Resposta: O artigo 78 da LPI determina que a patente se extingue pelos seguintes motivos: término do prazo de sua vigência; caducidade (falta de exploração de seu conteúdo após o terceiro ano de sua concessão); falta de pagamento das anuidades; falta de um procurador no Brasil, caso o depositante da patente não resida no Brasil.

9) Se alguém copiar meu pedido de patente ou a patente, o INPI pode me ajudar?

Resposta: Não, uma vez que a função principal do INPI, determinada pelo artigo 240 da LPI, é executar, no âmbito nacional, as normas que regulam a propriedade industrial, tendo em vista sua função social, econômica, jurídica e técnica, bem como pronunciar-se quanto à conveniência de assinatura, ratificação e denúncia de convenções, tratados, convênio e acordos sobre propriedade industrial. Ou seja, o INPI não tem função de polícia. Cabe ao próprio interessado buscar seus direitos na Justiça civil. De forma comparativa, imaginemos uma pessoa que compra um imóvel e vai registrá-lo no Cartório de Registro. Se depois de algum tempo alguém invade seu imóvel, ele deve procurar seus direitos na Justiça e não no Cartório de Registro.

10) O INPI me ajuda a encontrar um parceiro para comercializar minha patente?

    Resposta: O depositante poderá solicitar ao INPI que coloque sua patente em oferta para fins de exploração. Nesse caso, o INPI promoverá a publicação da oferta na Revista de Propriedade Industrial – RPI e colocará os interessados na licença em contato com o depositante.

11) O INPI me avisa a respeito do andamento do meu pedido de patente?

    Resposta: O meio de comunicação do INPI com o depositante de patente (ou de marcas, ou de desenho industrial) é a Revista de Propriedade Industrial. Essa é uma publicação semanal colocada à disposição da sociedade na sede do INPI e, também, em qualquer uma de suas representações. O INPI não tem nenhum servidor incumbido de avisar ao interessado sobre os acontecimentos referentes ao seu pedido de patente. Esse tipo de serviço é prestado por agentes de propriedade industrial (procuradores, despachantes).

12) Posso fazer o acompanhamento da tramitação do meu pedido via internet?

Resposta: Sim. Há cerca de 2 a 3 meses atrás, o INPI passou a responsabilizar-se pelo acompanhamento virtual. A RPI não é mais publicada em papel mas é disponibilizada no site do INPI.

13) Só posso depositar meu pedido de patente no INPI? Não posso registrá-lo no cartório?

    Resposta: O órgão oficial no Brasil para a concessão de patentes é o INPI. Assim, o registro em cartório não tem nenhum valor na área de propriedade industrial. Da mesma forma que não se pode registrar a posse de um imóvel no INPI, nem a posse de um automóvel no Cartório.

Bibliografia

1. Produção Científica – Vinte países com maior crescimento no número de artigos publicados em periódicos científicos internacionais indexados, 1995-2000; Disponível em www.mct.gov.br/estat/ascav. Acesso em 31/7/2002.
2. IZIQUE, Claudia. Produção Crescente. Revista Pesquisa Fapesp, São Paulo, p. 18-22, novembro/2002.
3. AMARAL, Roberto. A revolução possível. Revista Pesquisa Fapesp, São Paulo, p. 60-61, março/2003.
4. GRAÇA ARANHA, José. Patentes: um instrumento estratégico de política tecnológica; Panorama da Tecnologia, Documento Institucional; n. 18; Ano VIII, setembro/2001.
5. TERRA, Branca. *A transferência de tecnologia em universidades empreendedoras*. Qualitymark Editora Ltda., Rio de Janeiro, 205p, 2001.
6. CANÇADO, Patrícia. A ciência sai do casulo. Revista Forbes do Brasil. São Paulo. Nacional. P. A9; 10/7/2001.
7. RODRIGUES JÚNIOR, José Maciel et. al. Produção do conhecimento tecnológico na UFMG (sem data e sem publicação).
8. Curso de Capacitação sobre Noções de Patentes e Desenho Industrial. Documento Institucional do INPI. Rio de Janeiro (sem data de publicação).
9. SOARES, José Carlos Tinoco. *Processo civil nos crimes contra a propriedade industrial.* Jurídica Brasileira. São Paulo, 307 p., 1998.
10. JORDA, Karl. Intellectual Property: reflextions of its nature and importance. Disponível em: <www.ipmall.fplc.edu/hosted>. Acesso em: 22/5/2002.

11. Patentes, História e Futuro. Documento institucional do INPI. Rio de Janeiro, 41 p., sem data de publicação.
12. BRASIL. Alvará de 28 de abril de 1809. Isenta de direitos as matérias-primas do uso das fábricas e concede outros favores aos fabricantes e da navegação nacional. Disponível em: <www.inpi.gov.br/legislação>. Acesso em: 18/2/2002.
13. BRASIL. Lei 3.129 de 14/10/1882. Disponível em: <www.inpi.gov.br/legislação>. Acesso em: 18/2/2003.
14. OMPI. ORGANIZAÇÃO MUNDIAL DA PROPRIEDADAE INDUSTRIAL. Curso de propriedade industrial: El tratado de Cooperación em Materia de Patentes (PCT) y su Importancia para los paises en desarrollo. Genebra: OMPI, 16 p., 2001.
15. WIPO. WORLD INTELLECTUAL PROPERTY ORGANIZATION. General Information. Disponível: <www.wipo.int/about-wipo/en/index>. Acesso em: 07/04/2003.
16. VASCONCELOS, Yuri. Novos Materiais: muito além do vidro. Pesquisa Fapesp. São Paulo, junho/2002.
17. PEDROSA, Dulcídio Elias. A nova realidade das patentes. Ciência Hoje, n. 89, v. 15.
18. BRASIL. Lei 9.279 de 14/05/1996. Regula direitos e obrigações relativos à propriedade industrial. Disponível em: <www.inpi/gov/br/legislação>. Acesso em: 15/7/2003.
19. CUP. Convenção da União de Paris para a proteção da propriedade industrial. Ministério da Indústria e Comércio. Secretaria de Tecnologia Industrial. Instituto Nacional da Propriedade Industrial (s.d), (s.l).
20. MACEDO, Maria Fernanda Gonçalves; BARBOSA, A. L. Figueira. *Patentes: Pesquisa e Desenvolvimento*. Rio de Janeiro: Fiocruz, 164 p., 2000.
21. FEDERMAN, Sonia Regina. Estudo da tecnologia sol-gel e avaliação do seu processo de patenteamento. Dissertação (Mestrado em Engenharia Metalúrgica e de Minas). Escola de Engenharia, Universidade Federal de Minas Gerais, 16/2/2004.
22. CHAMAS, Claudia Inês; MÜLLER, Ana Cristina. Gerência da Propriedade Industrial e da Transferência de Tecnologia. In: SIMPÓSIO DE GESTÃO DA INOVAÇÃO TECNOLÓGICA, 21. São Paulo, nov. 1998.
23. GARABEDIAN, Todd E.; Nontraditional publications and their effect on patentable inventios. Nature Biotechnology, v. 20; p. 401-402, 2002.
24. BLOSSEY, Ralf. Read patent, not just papers. Natures Materials. Disponível em: <www.google.com.br>. Acesso em: 27 fev. 2003.

25. MEDEIROS, Lucília Atas. Lições de diálogo e parceria. Pesquisa Fapesp. São Paulo, n. 75, p. 22-24. Disponível em: <revistapesquisa.fapesp.br>. Acesso em: 9/5/2002.

26. LIVRO VERDE: Avanço do conhecimento (Brasilia): MDIC, (s.d), cap. 2, p. 71. Disponível em: <www.mdic.gov.br/tecnologia/publiaca/LivroVerde/cap.2>. Acesso em: (s.d).

27. Brasil fica em 43º lugar em tecnologia. Jornal do Brasil. Rio de Janeiro. Brasil. p. 3, 10/7/2001.

28. CAMARGO, Afonso. ONU classifica Brasil em 43º lugar no ranking internacional. Panorama da Tecnologia, ano VIII, n. 18, p. 36-38, set/2001.

29. USPTO – U.S. Patent and Trademark Office. Disponível em: <www.uspto.gov>.

30. FREITAS, Artur André do Vale. Capacitação tecnológica em empresas petroquímicas: Brasil x Coréia. In: SIMPÓSIO DE GESTÃO DA INOVAÇÃO TECNOLÓGICA, 21, São Paulo. 7 a 10 nov. 2000.

31. A CIÊNCIA SAI DO CASULO. Revista Forbes do Brasil. Tecnologia, p. 76-78, 1/11/2001.

32. NUPLITEC – Núcleo de patenteamento e licenciamento de tecnologia. Pesquisa Fapesp. São Paulo. n. 53, Disponível em: <www.revistapesquisa.fapesp>.

33. DAISEDEH, Iraj et al. A general approach for determining when to patent, publish, or protect information as trade secret. Nature Biotechnology, v. 20, n. 10, p. 1053-1054, out. 2002.

34. A CIÊNCIA SAI DO CASULO. Revista Forbes do Brasil. Tecnologia. P. 76-78, 1/11/2001.

35. PATENTE, O GRANDE ACHADO DAS UNIVERSIDADES. Jornal O Estado de S. Paulo. Disponível em: <www.estado.com.br/editoriais>. Acesso em: 19/1/2003.

36. A EMPRESA LANÇA CURATIVO DE LÁTEAX. Revista Pesquisa Fapesp. São Paulo. p. 67, julho/2004.

37. ANTENOR, Samuel. Repasse do Conhecimento. Revista Pesquisa Fapesp. São Paulo. p. 142-145, junho/2004.

38. PATENT COOPERATION TREATY. Disponível em: <www.wipo.int/pct>. Acesso em: 20/1/2005.

39. OMPI. ORGANIZAÇÃO MUNDIAL DA PROPRIEDADE INTELECTUAL. Oficina Intenacional: El Tratado de Cooperación en Material de Patentes (PCT) y su Importancia para los paises en desarrollo. Genebra: OMPI, 16P, 2001.

40. O BRASIL REGISTROU SÓ 0,2% DAS PATENTES INTERNACIONAIS EM 2003. Jornal O Estado de S. Paulo. São Paulo. On-line. 15/1/2005.
41. OS MAIS CRIATIVOS. Jornal O Globo. Rio de Janeiro. On-line. 18/1/2005.
42. HISTÓRIAS DE SUCESSO. Inventores Brasileiros. Disponível em <http://inventabrasilnet.t5.com.br>. Acesso em: 24/1/2005.

Entre em sintonia com o mundo

QualityPhone:
0800-263311
Ligação gratuita

Rua Teixeira Júnior, 441
São Cristóvão
20921-405 – Rio de Janeiro – RJ
Tel.: (21) 3860-8422
Fax: (21) 3860-8424

www.qualitymark.com.br
E-mail: quality@qualitymark.com.br

Dados Técnicos

Formato: 16 X 23

Mancha: 12 x 19

Corpo: 12

Entrelinha: 14

Fonte: Palatino Linotype

Total de Páginas: 108

VOZES IMPRIMIU